LOML (LOVE OF MY LIFE)

IT'S A BOOK ABOUT HOW EXPRESS LOVE TO YOUR LOVED ONE.

SUHAIL AHMED

Contents

Prologue

Love is so special and everyone is made to be loved. This book is all about how to express your love to your loved ones. It is important that you have to express your feelings to your partner. When you love someone, express love by sharing your thoughts. This book is the best way to know what your thoughts are and how you can express your love.

Meri mohabat Unpe bepanah badti gayi

iss kadr mohabat kash ke koi humse karta

Khuda ne likhata unko kisi aur ki lakeeron me

kash ke aisi lakeeren o meri be likhata

****

Mere sapno ki dunya me tum he tum ho

Khuda iss sapne ko haqeeqat bana de

Agar pura hogaya yeh sapna toh

mukamaal hojayega iss dunya me ana mera

****

Naino ne jab usko pehli baar dekha toh mere chehre par chamak
ayi

phir logo ne andaza laga liya ke meri zindagi me wo ayi

Kash ke itna aasan hota usko panna

wo khuda ki behtarin banawat thi jo yeh nacheez kabhi naa payi

****

Dua hai meri rab se ke wo meri mohabbat banjaye

Zindagi ka har ek pal usi ke sang jaye

Luta doon har cheeze uske deedar ke liye

jab o mera deedar karle to meri zindagi tham jaye

****

Pyar toh unse hum har lamha krte hai...

Kash unhe bhi yeh pata chale.....

tadap pe the hain unke liye hum kash unhe bhi pata chale.....

itni zyada mohabbat kisi se naaki ....

zindagi unke naam kardi hai kash unhe bhi pata chale.....

****

Kabhi zindagi me aisa mod aye....

Bichad jaon zamane se aur lipat jaon tujhse....

Ruh se ruh ko miladun aise...

Chah kar be ek dusre ke bagair saans na le paye..

****

Itna haseen khuda ne apko banaya ke o khud pe naaz karta hai....

dia be usne apko aisa noor ke chand apse jaal ta hai....

hum toh phir be insaan the...

Dil ko samjate bahot hai...

par phir bhi O apse pyar karta hai....

****

Hum ne Khud ko bhout roka par rok naa sake....

Koshish ki bhula doon unhein par bhula sake.....

Naa jaane khuda ne unhe itna pyara kyon banaya....

Jaan te the O hummare nahi hai phir bhi hum unhi ke hote rahe....

****

Dil ki tanhayi hai he kuch aisi hai...

sara jag saat hai phir be khusi nahi hoti hai.....

samaj nahi ata kya karen is zindagi ka.....

Jo har waqt aise he naakam hoti hai....

****

Itna pyar humne apse kia ki koi hadd na rahi....

Toote be hum ussi tarah ke koi khushi na rahi....

Gham to zamana deta hai bina maange......

Apse Judai ka gham milega yeh humne socha he nahi....Aye ho
dene apni judai ka gham muje toh de jao

Gham he toh hai sehlenge.....

Mukadar me tu nahi hai koi baat nhi....

par tere gham ke sahare zindagi jeelenge...

****

Zikr apka mehfil aye toh jhum uthte hai hum....

ankhein jab bhi ap ko dekhe khush hote hum....

pata nahi kaisi kashish hai apke deedar me...

Jis din apko na dekhe gham me milte hai hum....

****

Mera ishq un udti patangon ke jaisa hai....

bas farq itna hai my kat ta nahi ishq me un patangon ki tarah.....

****

Gham itna hai ke seene se lag kar tere runa chahoon......

dur na ho mujhse Tu aisi my duaeen maango......

pata nhi kyon tujhse itni mohabbat hai muje.....

zindagi me kuch chahoon toh baas tera saat chahoon

****

Teri judai sehna mushkil hai mere liye

phir be judai seh raha hoon.....

Yun toh mohabbat karne wale hazaaron hai

magar tere pyar ke lia taras raha hoon.....

****

Meri zindagi un phoolon ki tarah hai

maksad hum Dono ka kisi aur ki khushiyon ke lia tabah hona
hai......

****

Itni assani unhone keh dia ke pyar mat karo mujhse.....

samaj nahi aya kaise unki baat inkar kardun....

o itna bhi nahi samajti....

Jab unki baat inkar nahi kia ja sakta mujhse toh kaise unko pyar
karna chod do......

****

Wo kehte hai ke jab apna maan te ho toh jo dil me hai o kehdo.....

dil toh bas unke intezar me dhadak raha hai.....

aisa sabr dil ne kabhi na kiya.....

Jitna o apko apna banane ke lia tadap raha hai......

rab jane ke o din kab ayega jis din apka dil muje apna banayega.....

****

My apse kitni mohabbat karta hoon yeh kaise batao....

Tofani barsat ke bonden bhi kaam pad jayenge.....

Bas itna samaj lo jis din apne un barsaaton ki bonde gin li us din ap samaj jaoge ke my apse kitni mohabbat karta hoon.....

****

Gale lagaya unhone humme is tarah toote hue the hum par judgaye.......

aisa nazara tha ke asman ke aanso zameen par gir pade......

Rok na sake hum aankho ke katron ko.....

na rona chahte the phir bhi hum ro pade......

keh diya rab se ke hum ko juda na kare ek duje se.....

rab ne bhi ro diya pyar ko humare dekh ke.....

rab ki rehmaton ke boond baras rahe the par unhe jaate dekh hum tadap rahe the.....

Jaan jati thi hamaari unke jaane se.....

O nazara bhi hum ne dekha unke jaane se.....

mohabbat hai ek dusre se o kehnahi pate humme Majboriyon se.......

bhege hue the o mere Annsonwo se

jude hue the hum taqdeeron se....

Gale lagaya unhone humme is tarah toote hue the hum par

judgaye. . . . .

****

Bete lamhe jab yaad ate hai ankhon me ansso aajate hain....

Dil ka dard aankhon me dikhta hai chehre pe gham cha jaate

hai.....

har dua me bas tumhe maang ta hoon.....

kaisa Pagal pan hai mera tumhe chahne ka dur mujhse hone ka

sochte ho toh saansen than jaate hai

****

Tumhari aankho me itni taqat nahi jo mera pyar Tumhare liye

dekh sake..... Jis din dekhoge aankho se katre baras jaayenge.......

****

Aagar Aanso tere ho toh ankhein meri ho....

Khushi meri ho toh lab tere ho....

tere sare gham mere ho....

meri Sari khushiyaan Teri ho.....

khuda se jo be Tu mange o tera ho my khuda tuje mango toh tu bas mera ho.....

****

Tu mere liye o ayat hai jis ke pad ne se meri zindagi mukkamal hui.....

tu meri o khusi hai jiski keemat koi nahi.....

Koi nahi karsakta muje tujhse juda.....

Maine aisi dua ki hai rab se ke koi tere lia ajj tak kia nahi.....

****

When I see you I hold my breath when I touch you I feel alive...

What are you I don't know....

Perhaps you are the blessings that presence in my world....

you are my sky and am your cloud.....

You are my destiny with whom am with.....

always be presence in my life like a blessing.....

and I wll protect my blessings more than anything else because
that blessing is you and I Love you....

****

Ap toh meri jaan ho....

Apse he to mera jahan hai.....

yeh baat hai sachi ke apse he meri pehchan hai.....

log aksar mujhse puchte hai ke koun hai o......

unhe kaise batao ke meri khushiyaan meri zindagi meri kayenaat
ap hai.....

****

Tum ho mere bas mere bane rehna.....

Jo bhi mod zindagi me aye bas mere sang rehna.....

har khushi apni muje apke saat hai puri karna....

Bhale hazaaro gham ho apke bas usme muje shamil karna.....

Kabhi na hone dunga khud ko juda apse.....

Bas ek darkhast hai ke ap mujhko kabhi khud se juda na
karna.......

****

Unki nazron ka meri aor dekhna muje ghayal kardiya.....

Unki Masomiyat ne muje pagal kardiya....

itni haseen shakhsiyat ko khuda ne banaya toh hai....

Agar mere lia banaya hai toh mujko uska ehsaanmand kardiya.....

****

Dil me bas ne wale log samne na ho toh be nazar ate hai.....

dil se utar jane wale log samne ho toh be nazar nahi ate hai....

****

zindagi ke har lamhe tere sang jeena chahonga...

Mat kar na dur muje khud se ....

my tut jaonga...karta hu mohabbat tujhse Itni ke had nahi....

****

tum mujhse mohabbat nahi kar te ho Koi baat nhi. ..

par kabhi ehsas hone mat dena warna my marjaonga.....

****

Ankhein band karta hoon toh tera chehra aansu bankar ajata
hai....

dil ka dhadakna tera eshas dila jata hai.....

aisa koi lamha nahi jab humne tere bare me socha nahi.....

Jab bhi tumhe na soche us pal saansen tham jane ka anjaam pata
Chal jata hai....

****

Hum ne ek baar keh dia unse ke tumhari khushi ke aage meri
mohabbat jhuka dunga.....Meri wajah se Jis din apki aankho me
aanso aye Meri mohabbat mita dunga.....bas yeh baat sunkar o
khushi khushi ro pade

****

Uske chehre pe kuch is qadar noor hai ki uski yaado mein rona bhi manzoor hai

Yaar bewafa bhi nahi keh sakte usko +2

Kyunki pyaar to humne Kiya hai

Wo bichari to bekusur hai...

****

Is dil mein pyar tha kitna ye wo jaanle te to kya baat hoti

Hum ne maanga tha unhe khuda se

Wo bhi thoda mangle ti to kya baath hoti!!

****

Kaisi hai yeh tadap meri bin tere...kyon nahi hojate ho tum mere.... Maine tog sab kuch ap ko he mana hai sari aur duniya se ladne ke liye taiyar ho my.....bas tum ek baar kehdo ke hum hai tere....

****

Barish ka anna hummein bijliyon ka daar dila jata hai.....daar ne
ke bawajood hum bheeg the hai.... Kyonki ek barish he hai jo
mere saat roti hai....

****

Mera tuje pane ka intezar mere janaze

se he khatam hoga....

Karlo jitni koshish hai karni my na tumse juda hunga....

kyon nahi samajh te ho tum meri mohabbat ko....

itna toh samajhlo mera saya bhi tumse juda ho aisa my hone nahi
dunga.....

****

Kitna tadap na hai aur tere bina mujkho... Koi nahi samajh ta
muje my samjhaoon kis ko....tu he sab kuch hai mere liye yeh
kaise batau tujhko.....tum sirf mere ho yeh my samjata hoon khud
ko....

****

Muje aksar log dhunda karte hai yahan wahan......

My milta hoon toh bas teri yaadon me.....

****

Likhta rehta hoon my teri yaadon me istarah kuch......tu he hai mere liye sab kuch.....har waqt meri zubaan pe bas zikr tera......muje behad mohabbat hai tumse sach much......

****

Behad khubsurat hai tera chehra dekhne se dil ko sukun milta hai.....itni pyari shakhsiyat ho tum har bar dil tumpe mar mit ta hai.....ek lamhe ke lia bhi agar tum mujhse hote ho dur.....mere jism se ruh nikalne ka andaz pata Chaljata hai......

****

Kyon mujhe apna banaae se darte ho yeh batado.....Mujhse dur jaane ki koshish me kyon ho yeh batado....

Bin tere jeena humse honahi sakta.....isliye marne ka koi rasta toh batado.....

****

Teri bahon me mera dum nikle yeh dua hai meri.....teri bagair zindagi toh saza hai meri......dur Kabhi na hona mujhse my marjaonga.....mohabbat tere naam ki my pehla jaounga.....koi be tujhko dekhe toh mere naam se pukare tuje..... Itni mohabbat meri tere naam kar jaounga.....

****

Muje dunya se koi lena dena nahi hai....

Kyon meri dunya mere pass apke roop me hai...

****

Tu mere liye chand ki tarah hai.....

my tujhe dekh to sakta hoon par tu mujse bahout dur hai....

****

Aankho me tere ansoo hum dekh nahi sakte.....chehre pe tere nami hum dekh nahi sakte.....bonde ankhon se tumhari girti hai.....par dil me jo taklif humme hoti hai o tum samaj nahi sakte....

****

Tere saat rehta hoon toh khud ko mehfoos pata hoon...

Tu he hai mera sab kuch yeh my rab se kehta jata hoon...

aye ho meri zindagi me khusiyan ban ke...

unhi khushiyon se tumhe apna bana chahta hoon...

****

Dil ka haal mat puchna o sirf tumhare intezar me hai.....

har lamha bas tumhe dhundta rehta hai....

pata nahi kab hogi uski yeh arzoo puri.....

har waqt tumhe pane ki dua karta rehta hai...

****

Raah unki dekhte rahe.......par o na aaye.

Aye toh bas gham he aaye

Khuda us din ko jald le ayaye....Deedar unka karlo ek baar phir
meri jaan jaye.....

****

Nazron ko unhe dekhne ki ijaazat nahi....

jazbaaton ko izhar karne ki humme addat nahi.....

****

Jitna hum kareeb ate the unke...... kismat utna he door karti rahi....har zarya unse milne ka naakam hota raha....galti toh na unki thi naa he humaari....kismat he thi jo humesha juda karti rahi.....

****

Jab tum dheeme dheeme baat karte ho sunkar dil khush hojata hai.....

Jab tum apne labon pe hasi late ho mera din ban jata hai..... Kaisi kashish hai tumhare me khuda jane....

Jab bhi tume na dekho mera chehra naam sa hojata hai...

****

Tumhari hasi pe toh mar mit te hain hum

koi nahi hai itna hasin jitne hasin ho tum...

Ankhon me chamak aajati hai dekhne se tumhe....

khuda ki koi banawat itna khubsurat nahi jitni khubsurat ho tum.......

****

Ankhon me teri dekhka hoon toh kahi kho jata hoon...

Chehra dekh ke tera my hosh pata hoon...

kya ho tum mere lia my behtar jaan ta hoon....

koi kuch be kehle muje my toh bas tume he chahta hoon...

****

My mera pyar adhura chod dunga yeh sochna bhi mat.....my tumse dur hojaonga yeh soch na bhi mat.....muje maloom hai ke Tumhari majbooriyaan tumhe muje apna banane ki ijazat nahi deti.....par my Tumhare bagair jeelunga yeh sochna bhi mat......

****

Kaise kahon ke my khush hoon tumhare bagair......phir bhi koshish karta hasne ki tumhare bagair.....bin tere har lamha mera dard hai.....kitna samjata hoon my apne dil ko.... Par o hai ke dhadakna he nahi chahta tumhare bagair......

****

Kabhi meri aankho me dekhna tumhe bas mera pyar Tumhare liye dikhega....

Kabhi meri dhadkan ko sun na tumhe bas mere dil me bas ne ka
ehsaas dikhega.....jaan ta hoon lakh koshish be karlun tum muje
mohabbat nahi karoge....bas kabhi gale lage ke Dekho .....tumhare
bagair mujhme kuch nahi dikhega....

****

gham me agar tum hote ho ankhein meri bhar aati hai....dard me
tum hote ho dil me mera taklif pata hai.... bas meri nazren tumhe
hamesha haste dekhein... Tumhari wajah se mere chehre pe hasi
aati hai.....

****

Kis ko tha pata humme tumse itni mohabbat hojayegi....

Kis ko tha pata tumhari har gham ki humme khabar
hojayegi....tumse zyada humme dunya me kuch be keemti nahi...

Kis ko tha pata mere jeene ki wajah tum hojaogi.....

****

Kya hai zindagi meri tere bina.....kaise my khush raho tere
bina....khud se zyada mohabbat karta hoon tujhse....kaise jaaton
apni mohabbat tere bina.... Sab se behtar ehmiyat hai muje
Tumhari....kaise saansen lelo my tere bina......

****

You are so shiny honey you are so beautiful....god created blessing by creating you....no other charm is more charming like you..... You are stunning like a brighter moon.....tell me what is more precious than you.........you are the light in the dark Knight.... You are the flower of beautiful sight..... You are the water of rain which spreads the love all over again and again....... I read the books of Angels and I can imagine them by seeing you.... You should be the path on which I should be lost..... You should be the door of my life. ....and my heart will be your sweet home.... I will make you happy like no one does because nothing is more important than a smiling angel.....you are so shiny honey you are so beautiful..... My honey baby my love you will be always mine god created us to live together.

****

Andheron me jo umeedon ki roshni chamke o mere lia roshni hai tu.... Bin tere my kuch nahi... jo bhi hai bas mera hai tu.....zindagi ki ehmiyat tere ane se pata chali hai muje...ab bas yahi hai kehne tujhse dur na jana mujhse tu.....

****

Neendon me aksar tera khwaab muje khush kar jata hai.....
Ankhein jab khulti hai tere na hone ka gham chala ata hai.....khuda ne toh zindagi di hai jis me Tu mera nahi......jeene se behtar marke tere khwaab dekh ta rahoon bas yehi mera dil chahta hai....

****

Har khushi tuje pane ke liye kurbaan kardun.....tu mera ban ja har kisi ko my juda kardun.....khuda ne zindagi bas ek he di hai....agar 100 be deta toh har baar tujh pe nichawar kardun

****

Khuda ne aankhon ka parda karne ka hukum dia hai.... Par jab bhi tum as paas hote ho toh ankhein khud ba khud beparda hojati hai....

****

Har baar nazren ghumata rehta hoon taki tujhe dekh sakun....

Agar dur hota hoon tujhse toh bhi tujhko mehsoos kar sakoon...

Har baar dil bas teri he yaad me rehta hai...

Bas yahi dua hai ke hamesha teri aaghosh me my reh sakoon...

****

Thoda sa has ke dikhado....thoda sa humko be hasa do,.. Kyon naraz hote ho humse bas thoda sa nazren toh mila do...Kafa tumko hum dekh nahi sakte.....Ek baar apni pyari si muskaan toh dikha do....

****

Rubaru tere rehne ki addat hai humko...

Din tere bin kahi sall ladte hai humko...

tum Jaan ho meri yeh kehna tumko.

Chahe log jitna bhi dur karle humme bas tumse dur nahi hona hai humko..

****

Deewana tera..... hai yeh dil mera...

kuch bhi kaho usse o kehega bas tu hai mera...

Dhadakne ki wajah o kehta hai tumko....

Maksad iska banana hai tujhko sirf aur sirf mera...

****

Har taraf tere naam ke chirag jala dun...jab bhi teri nazar mujhpe pade my khud ko chamka dun....andherun me roshni ke liye chirag jalaye jaate hai....jis din tum andheron me rahoge us din my khud ko jala dun.....

****

Kabhi mere saat khud ko rokdo...

Kabhi meri zindagi me khud ko jod do....

Maine mohabbat ki hai apse ap usko apnalo.....

Kabhi muje apna banake meri kismat badaldo

****

Tere haaton ko menhdi di se sajadu aur haton me kangan khanka dun.... Kaanon me teri chand si baaliyan laagadun.....soch wo kya din hoga jab tu mera humdum hoga.....sath me jeene marne ke waade honge..... Ek dusre me badalti hummari ruhen hongi......

Jab Qubool hai ka zirk hoga hum donno ki alhamdulillah hogi......

****

Ajj jo hum haste rahe par zindagi ko humme rulana tha....meri mohabbat mujhse dur hone ki baat kar rahi thi aur meri hasi Aansuon me badalti rahi thi....ruh nikalne se shayed jitni taklif naa hoti hogi utna humme unke dur jane se ho rahi thi.....ankhon me unke muje dur karne ka gham dikh raha tha aur chehre pe unke ghami baras rahi thi.....mathe ko chumke unkar hum rote rahe gale laga ke unko unse dur hote rahe...... Ek dusre ko dekh kar khuda se kehte rahe ke na kar juda humme jab banaya hai ek dusre liye..... Ek dusre ka haat Chod ne se daar rahe the par majbooriyon se haaton ko chod na pada.....phir chal pade apni kismat par haste hue... Kyonki ajj jo hum haste rahe par zindagi ko humme rulana tha.....

****

Meri jaan my kaise jeelun tumhare bina jab meri saanse ruk jaati hai tere bina.....hum seh nahi sakte teri judai ko..... Aur kuch keh be nahi sakte khuda ki khudai ko.....be tahasha mohabbat hai

tumse. ..kyon nahi samaj te ho khud se....kisko my sunaon apna
dard meri jaan koun hai mera iss duniya me tere bina....

****

Duniya ki sari khushiyaan tere daman me bhardun...... Tu na ho
mera toh my khud ko tabah kardo.... Jaan ho meri tum kyon nahi
samajh te ho....bin tere jeene se acha hai my apni zindagi khuda ko
pyari kardun......

****

Meri zindagi me bas tum he tum base ho........kaise my jeeelun jab
mere tum nahi ho......har lamha meri zindagi ka bas apka hai....
Har raste meri khushiyaan ki bas apke hai.....jo na hu tu mera my
jeeke kya karlo.....jitne din duniya me my hoon meri saanse bas
tujhse ho....

Tujhse hum itni mohabbat karenge itni mohabbat karenge ke ke
koi had nahi rahegi....beshak khuda se mohabbat hai
humme.....qayamat ke din khuda khud bolenge.....agar koi banda
mujhse aisi mohabbat karta toh qayamat he nahi hoti....

****

Wo ajj dulhan jaise saji hogi kyonki ajj uski mangni hai.... Masha
allah behad khubsurat lgrahi hogi kyon ki wo hooron se be hasin
hai.....khush hogi ya nahi humme kuch pata nahi..... Par mere bare

sochti zarur hogi itna toh muje yakeen hai..... Uski khushiyon ki
mehfil me meri khushiyaan dafan honge......phir bhi hum ansoun
ke sahare haste rahenge......o kisi aur ke naam se kangan pehnliye
toh kya hua beshak nikah me qubool hai toh bas mere naam pe
kahenge..... Dunya ke sare rasme kisi aur ke sath hua toh kya
hua.....tumhe apna banene ki kasam toh meri hogi....

****

Har ghadi tuje yaad na karun toh mera dil mujhse naraz ho jata
hai aur mujhse kehta hai ki my nahi dhadkunga jab tak tumhe my
yaad naa kaaru....

Teri judai aakhri saans tak Sehlunga... Bin tere toh mar he raha
hoon teri judai ke sahare jeelunga.....dekhte hai aur kitna
tadpayega khuda tuje zarya bana kar.....pure tarikhe se tut he gaya
hoon aur kitna tudega.....

****

Oh Meri jaaan Suno yeh meri dil ki dastan... Tum ho mera sab
kuch...mera aashiyaan.... Tumse hai Meri khushiyaan tumse hai

meri duniya .....bin tere meri khushiyaan kya hai.... Bin tere mera koun rehnuma hai.... Akela hoon bas tera Sahara chahiye.... Ek darya sa hoon bas tera kinara chahiye.....Aanso me Meri tera chehra nazar ata hai.....dil ke dhadakne par tera naam sunai deta hai....jaan toh meri bas naam ki hai ruh me Meri tere rehne ka ehsaas nazar ata hai.....dur ho mujshe jaise Meri khushiyaan mujhse dur hai.... Bas ajao mere kaarib khushiyaan bankar gham ke sahare jeerahoon hasa jao muje muskan bankar.....Meri har subah tumhare noor bhare chehre ko dekh kar shuru ho..... Aisa koi subha he na hoo jis din tu mera na ho.....saanse toh Chal he rahi thi par tumhe dekh kar sunse chal ne ka ehsas pata chala.....tumhare wajah se jeena zarya mila.... Aur kehna bhout kuch hai muje tumhaari tarif me bas itna kehke bhout kuch keh diya hai tumse bas abhi yahi kehna hai tumse ke o meri jaan sunlo mere dil ki dastan aur samjo mere dil ki dastan

****

Bas yahi hai aarzo meri ke Ankhon me teri doob jaon dil me tere bas jaon saanson me teri reh jaon bas tere banjao....bin tere saanse na leni hai bin tere zindagi nahi jeene hai.....kuch be nahi chahiye tere bina.....my rukunga nahi kabhi haar ke bhale kitne he raste kyon na ho kaaton ke..... Har kadam pe tere liye meri mohabbat aur badegi.... Har taklif me tere liye mohabbat aur badegi.....har pal bas meri mohabbat tere lia aur badegi.... Khud ko my tere karib ane se kabhi nahi rokunga..... Sab kuch chod ke tera banjaonga..... Tere bina kal maine dekha nahi.....par tere bina khud ko marte dekha hai....kabhi meri aankhon me dekho tumhe tumhara chehre dikhega kyon ki itni mohabbat ki hai tumse ke mujhe me sirf tum ho aur tum he rahoge.....tumhare pyar ka fakeer hoon kabhi khushi se thoda pyar dedo..... Tumhare saat ka mohtaj hoon kabhi mera saat na chodo.....maine har lamha tumse mohabbat ki hai..... Mere ansoun me dekho tumhe sirf tumhara naam dikhega...... Meri muskurahat dekho uski wajah tum dikhogi....bas yahi hai aarzo meri ke Ankhon me teri doob jaon dil me tere bas jaon saanson me teri reh jaon bas tere banjaon....

****

Rah tere ane ki dekh raha hoon kyon ki tujhse my be inteha mohabbat kar raha hoon....... Mere zindagi me har taraf gham ki barsaat dikhrahi hai par tere ane ki khushiyoon ka intezar kar raha hoon.....kab khuda o din layega muje pata nahi...... Jab tak o din na age my har lamha tuje apna banane ke lia tadap raha hoon

****

Tera chehra noorani uspe adayen katilana..... Kyon ho itni khubsurat meri jaan muje thoda samjana....
Hoton se mithas barsaate ho muskura ke humme hasate ho.....tum ho itne nayyaaab jiske wajah se my bangaya hoon tera deewana.....

****

khuda sunlo meri duaayen hata do humpe se yeh gham ke pahad
unki rahmaton se zindagi bhardo... Unki khushiyaan se meri
khushiyaan bhardo..... Unki noor se mujme noor bhardo... Khuda
khud jaante hai tum mere liye kya ho....unke dar par jab bhi hota
hoon duwon me tumhara naam chala ata hai.... O behtar jaan te
hai ki my tumse kitni mohabbat karta hoon....my shikayaten kis
baat ki karun khuda se....o toh mujhme sirf tumhe bhar diyaa....
My har taraf tanha bhatakta hoon par us tanhayi me tumhe mera
sahara banadiya....jab kuch baat karta hoon khuda se mere aanso
tumhare naam pukarte chale ate hai aur khuda se kehlaata hai ke
humme aankhon se bahar ana pasand nahi par uski yaad me bina
soche chale ate hai.....dil se meri aawaz ati hai khuda se keh jati hai
beshak mujhe teri marzi tak dhadakna hai par jab is dil me o nahi
my dhadkunga nahi.....khuda sunlo meri duaayen hata do humpe
se yeh gham ke pahad unki rahmaton se zindagi bhardo... Unki
khushiyaan se meri khushiyaan bhardo..... Unki noor se mujme
noor bhardo...

****

Yeh rehmat sirf meri aankhon me hai jo mujhme tumhe dekh
sake....
Yeh jazbaat sirf mere dil me hai jo tumhe wahan mehsoos kar
sake....
Har tarah se maine tumhe apna karliya hai....yeh sabr sirf mujhe
me hai ke tumhare ane ka intezaar kar sake.....

****

My tujhko umeed ke naam se jaan ne laga hoon..... Kyon ki meri zindagi me jis ki umeed nahi thi o tere Ane se mili..... Muje pata nahi tha ke dil se kaise haste hai par tera chehra dekha ke o hasi maine khud me dekhi....muje pata nahi tha gham me kaise muskurate hai.... Par tera mere saat rehna muje o bhi sikhagaya.....bas tera shukar guzar hoon .....itna keh sakta hoon jis khushi ki umeed meri zindagi me nahi thi o tere ane se aagayi. ......

****

Har lamha tujhse pyar krta hoon aakhri saans tak karta rahunga.....mujhme bas tumhe apna banane ki aarzoo hai koi kitna kyon na roke my na rukunga....muje tumhare bagair zindagi jeene se daar lagta hai.... Maine khud ko kho diya tumhe bas apna banane me.... Jab apne ban gaye ho mujhe kabhi nahi akele chodna.....daar lagta hai tumhare bagair saanse lene me..... Maan ghabra jata hai tumhare bagair jeene me..... Kuch be nahi hai mere paas sivaay tumhare pyar ki umeedon ke.....in umeedon ko kabhi mat todna.....meri jaan kabhi toh thoda mujhse pyar karo.... Kabhi toh muje apne seene se lagao... Kabhi Meri aankho me Apni ankh milao.... Kabhi Meri mohabbat ko Apna banaao Kabhi mere gal pe apna haat ghumao....bas tumhe mujhme tum se Sab se zyada mohabbat karne wali ruh milegi jism toh thode aarson bad mar he jata hai par ruh Meri tumse har pal mohabbat karegi..... Aur kitna tadapna hai bin tere.....aur kitna rona hai tumhe pana ke liye.....har kadam pe tumhe paane ki dua hai Meri.....bas qubool karlo muje aur madat kardo dua qubool karne me meri.....

****

Tere haaton ka mujhe chuna mujhe mujhme zinda kardiya.....tum nahi jaante ajj tumne mujh ko kitna khush kia......kyon ho itni pyari tum Kabhi mujhe yeh batado......apne chehre pe hasi dikha kar mere dil ko apna kar liya...

****

Ek baat kehna hai tumse Meri jaan....
Jab bhi Kuch chahiye ho ya Kuch be taklif ho toh bas muje yaad karo.....
Maine wada kiya hai khud se tumhara khayal my khud se zyada rakhunga.... Tumhare har gham me khushiyaan bhardunga.....tumhare saat humesha rahunga.... Kabhi khud ko akele mat samajna my saat chalunga humesha Tera saya bankar.....Tum mere liye sab Kuch ho.... Bas tumhare he zariye se mujhe khushiyaan mili hai.....in khushiyon ki kasam tumhara khayal my duniya me sab se behtar rakhunga....

****

Dur hu tujhse aur tujh ko apne paas mehsoos kar sakta hoon

Nazren ko ghumata hoon taaki har taraf tere chehra dekh sakta

hoon...,

bhout he zyada yaad aarahi teri aur muje aadat hai dekhna hasi

teri....

bas ankhen band kar raha hoon taake tera muskurata chehra dekh

sakun..

****

Janam muje bhout daar lagta hai jab tum mujhse thodi dr be dur

hote ho...

My har ek pal tere sang rehna chahta hoon.....tera saye me apna

ghar basana chahta hoon...

Teri bahon me rehkar saanse lena chahta hoon aur teri khwahish

aur khushi puri karna chahta hoon...

bas muje akela mat chodna meri zindagi bas tere sahare hai.....meri

khushiyon ka raaz toh tu he hai...

Tum nahi jaan te tumse kitni mohabbat hai muje.....bas yahi keh

sakta hoon

Jaise ansmaan raat me adhura rehta hai chand ke bagair jaise

chand adhura rehta hai sitaron ke bagair...

Jaise beena paani machli zinda nahi rehsakti.....jaise phool nahi

rehsakte khusboo ke bagair...jaise badal adhure lagte hai barsaat ke

bagair....jaise ankhon ka pyar roshni se hai....dil ka ehsas dhadakne

se hai.....jaise pahadon ka lagao zameen se hai....jaise kinaron ka

saat darya se hai.....jaise hawaon ka saat dunya se hai.......bas my

tumse yahi kehna chahta hoon ke tera bina my kuch nahi tere bina

meri zindagi nahi.... jo be hai mere lia bas tu hai aur tu he

hai.....kabhi toh mujhe pyar se ek baar pyar karlo kabhi toh muje

jeena ka ehsaas dilado...kabhi toh mujhko khud se milado....kabhi

toh khud ko mera kardo.....itni mohabaat karunga ke koi had nahi

rahegi.......dard agar tera ho toh anson mere bhi behte hai....khusi

agar teri ho toh lab mere haste hai...ankhen jab be tujh ko khush

dekhe dil mera muskurata hai....koi nahi hai mere lia itna khaas

jitna tum ho....kabhi toh mujhko khud me bhardo....kabhi toh

mera haat pakadke kehdo ke tum mere ho......kasam se kehta hoon

bas tera rahunga nahi toh bas khatam hojaonga.....

****

Jab bhi tumhara haat mere haat me hota hai...

kasam se khuda mujhpar meharbaan hota hai....

beshak bhout he apne ho tum mere lia...

Isiliye mera dil har baar tume qurbaan hota hai....

****

Tumhari hasi pe meri jaan my sab kuch lutadun...
Jab bhi tumhari taraf gham aye my unka rasta ghumadun...
bas hummesha muskurate rehna yehi hai meri aarzo...
Jis din tumhe haste na dekho my apne hisse ki sari khusiyaan teri
haasi ke liye lutadun

****

Meri aankho ke aansu ko teri yaadon me baras ne do... My tera
hoon muje bas tera rehne do....tere intezaar me hoon...tere
intezaar me muje rehne do..... My jeena chahta hoon sapne dekh
na chahta hoon unhe pura karna chahta hoon bas tere saat.... Agar
Tu mera naseeb nahi hai toh muje bas teri bahon me marne do....

****

Yeh kaisa nasha hai tujhme jab bhi tuje dekhke jaata hoon

log puchte hai nasha karke aaya hoo kya

****

Kya batao...tumne muje itna khaas bana diya.... Koi muje apnaya nahi jitna tumne apna liya......my garv se kehta hoon ke...haan tum meri mohabbat ho.....bejaan sa tha my tum ne mujko apni jaan banalia......

****

Teri yaadon me aksar ankhein band karleta hoon... Jab bhi ankh band hoti my tujhko apne saath dekhta hoon....jab tujhko apne saath dekhta hoon toh dil se khush ho jata hoon aur hasne lagta hoon.....par jab bhi ankhein khulti hai aur tum mere saat nahi hote ho my bas moom ki tarah pigal ne lagta hoon....mera pighal na be dekho moom ki tarah hai my pighal ke bhi jalne ke liye taiyar hota hoon......

****

Jab o humse kehne lage ke mat karo muje itna pyar.....mera dil ek dum maayus hogaya....kaise samjaon unhe my saansen lena bhul sakta hoon par unhe pyar karna nahi....meri duniya hai o meri kayennat hai o.... Bas yahi kahunga Tu hai toh my hoon agar Tu nahi toh my sirf ek zinda lash hoon jo zinda toh lagegi par zinda nahi hogi....

Meri kismat ka likha koi nahi cheen sakta..... Muje umeed hai rab se ke tuje o sirf mere haq me likha hai..... Bhale Tu mujhse duri banale bhale he he kisi aur ko apnale..... Wada hai mere pyar ka......ek din rab in sab rasmoon ko todke tuje mera banayege......

Pata nahi yeh kaisa daar hai mera tuje khone ka..... Jaan ta hoon tu mera nhi hai....yeh jaan te hue be daar ta hoon kahi khona dun tuje....

****

Ankhen band karne se pehle jab bhi tere baare me sochta hoon phir subha ankhein kholne kisi zarurat he nah hoti... Kyon ki teri yaadein itni gehri hoti hai raat se subha kab hojaye yeh pata he nahi chalta....

Ek baar kaas ke gale laga lo.....kabhi mujhpe be thoda pyar barsa do....taras te hai hum tumhare pyar ke liye.... Kabhi bahon me lekar mujhko apna bana lo..

****

Tujhe pyar main itni shiddat se karu,
Ki us mithe dard se teri aah nikal jaye,Dard se teri aankho se aasu jhalak jaye,Or tu tan se or mann se sirf meri ho jaye,Badan se tere lipta rahon or subha ho jaye,Subha tujse jb main puchu teri raat ka aalam,
Tu sharma kar mere seene se lipat jaye!!.....

****

Tum chand ka tukda ho jo behad khubsurat lagta hai....heere ke noor me o chamak Kahan jo tere chehre me hai.....motiyoon ki kya baat karun unse haseen to teri ankhein hai.....har khushi dhund dhund ke tere daman me bhardun tere baalon ko resham se saja doon tere gaalon ko pyar ke rang lagadun.....tere chehre par mere naam ki hasi ho....mere labon p phar tere naam ki tasbi ho....har kadam mera bas tere sath ho.... Tute kabhi na yeh rishta bas beinteha pyar ho....mere chanda my tumhe kaise batao ke my tumhe kitna pyar karta hoon..... Tumhe apna ke sari khushiyaan dena chahta hoon....my rab se kehke yeh zindagi bas tere sang jeene aya hoon bas tere sang jeene aya hoon.....

****

Kya kabhi tumhara dil nahi kehta tumse ke my kitna mohabbat karta hoon tumse....kisi se itna pyar kiya nahi par kiya hai tumse....har lamha apna dard has ke peejata hoon.... Har gham me tumhe dekh ke ya soch khush ho jata hoon....bas yeh batado kya kabhi Meri mohabbat jud payegi tumse.....

****

Wen ever I say I love you I truly mean it and its true....my love is only for u... But i never get a love you too... And its true u not love me too....Its alright it's alright let only my love to be with you.... Whether u love me or never love me tooo....i always do and till my last breath I doo and promise I do.....

****

My love for u is endless and I know u may never accept it....and it doesn't mean i should stop loving you.... I can't stop loving you because no one love the way I love u.....and I love you till the end and even after..... Because ur the bright which I got in my dark fate....u love me Or not it's up to you but telling you I will endlessly love you all the time whether you be mine or not mine......i accepted you as mine whether u be mine or not mine....

****

Ek baar humne socha tere bagair jeene ki aadat dal lete hai.....aur koshish be ki thi par khuda kasam ek lamha jeenahi sake aisa laga ke mout se mulakaat karke aya hoon.....

****

Mujhe bhout taklif hoti hai aise jeene me....par jeeraha hoon.....sharab peekar kya nasha karna tere yaaadon me nikle aansooo peeraha hoon......
Bhale zamana mujhko pagal kyon na samje.....haqikat toh Yahi hai tere pyar me pagal hi toh hogaya hoon.....

****

Agar tumhare bagair jeena hota toh kab ka hum khushi khushi jee le te....par haqikat yeh hai ke Tumhaare bagair toh hum jeena nahi chahte....

****

My fakeer hoon tere pyar ka thoda toh pyar dedo....gale se apne
laga ke thodi toh himmat dedo.....my duaaon ke saath Sari koshish
kar raha hoon tumhe apna banane ki..... Ek baar toh mere haat
pakad ke khud ko mera banane ki umeed toh dedo...
****

Apne mujhe apnaaya he nahi my khamakha khud ko apka maan
baitha....dusron ki mohabbat thukrai toh thi.... Saat he saat Apni
mohabbat bhi kho baitha....
****

Chand apko mere naam se pehchan lega yeh mera wada hai ....
Kyon ki jab hum ne dekha usko apka naam duaayen me Aya hai....
****

Apne ankhon ke moti kabhi mat girne dena....khushiyon ka bas
tumpe haq hai.....ansouon ka haq nahi......
****

Raaste sabhi ke ek jaise hote bas manzil alag hoti hai..... Meri
manzil toh bas tu hai....

Khuda ne kya likha hai meri kismat me....
unhe meri nazron ke agge toh rakha hai...par muje unka banaya
nahi...
unke liye mere dil me mohabbat toh bhardi hai...par mere liye
gham kyon rakha hai...

har gham sehlunga haste haste bas is gham ke badle muje unka
pyar milljaye....

****

Mere naam ke saat tere naam judjaye...
meri kismat me tere naam likhjaye...
roye tu toh meri ankh bhar jaye....
hase tu toh mera dil khush hojaye...
jaisi be zindagi ho meri muje gham nahi mujhme bas tu bas jaye....

****

tere bagair jeena toh beraham saza hai...
hum kaise jeelen jab tu mera nahi....
har bar tere rubaro rehna tujhko dekhna tujhko sun na teri
muskurahat dekhna aadat hai meri...
tu he meri mohabbat hai agar tu nahi toh jeene mera munkin
nahi......

****

Ajj phir se humko kuch taaklif senhi hogi
o jayenge apni mohabbaat ke saat aur meri ankhen dekhti hongi...
itna lachar hoon ke unpe apna haq jata nahi sakta...
mera dil rota rahega phir be mere chehre par hasi hogi.....

****

Ek khwaab hai mera jisme Tu mera... Ek awaz hai meri jisme
tareef hai teri....ek jism hai mera jisme ruh hai teri.....ek dil hai

mera jisme dhadkan hai teri.....kabhi mujhse dur na hona kyonki

duri hogi teri par mout hogi meri ....

****

Kuch baaten bata nahi sakte.....kyon ki kuch baten hummare haq

me nahi hoti.....par o sab jaan te hai humme kya kehna hai par

aisa jaatate hai ke o kuch jaante nahi.....

****

Dil me tere bas ne ki ijazat dedo......tum mere ho yeh kehna haq

dedo.....kabhi mujhse dur nahi hona aur meri zindagi me humesha

rehna..... Khuda sab kuch mera chin le toh be mujhe koi gham

nahi muje bas mere haq me tumhe dedo.....

****

Yaadon me teri hum khogaye hai..... Nigahon me teri hum bas

gaye hai....

Rahat na hoti hai jab tak tujhko na sochon.....tumhe apne ankhon

me need banakar aur tumhare sapno ki chaddar odhkar hum

sogaye hai....

****

Dil mera tera hogaya hai.... Jab se usko teri chahat hui hai....... O

mujhse se zyada tera hogaya hai..... Dhadakta hai tere naam se

machal ta hai tera hone se........par tut jayega tujhe khone se.....

****

Jab apse nazren mili toh ankhein apki itni khubsurat thi aur apki
aankhon ki chamak meri aankho me kuch is tarah bas gayi.... Ke
apke siva muje kuch aur ab nazar nhi ata hai....
****

Apko khone se daarta hoon kyon ki meri jaan my apse mohabbat
jo karta hoon.....nigahon me chehre liye apka my khud me acha
lagta hoon.....dil me bas gaye ho aap meri kayenaat bankar.... Bas
humesha dil me base rehna.....kyon ki dil tut ne se my bhout
daarta hoon.....
****

Apke saye me muje rehne do..... Apse unginnat mohabbat muje
karne do...... Muje Hamesha apke kadmon me farsh bankar har
raste me apke saat rehne do.....muje bas jeene hai apke saat aur har
khushi deni hai jo apke liye bni hai mukhko bas meri aakhri saans
tak apki hifazat karne do.....
****

Jab bhi apko dekhon sukun ki saanse muje naseeb hoti hai.....jab
bhi apki aawaz suno muje khushi mehsoos hoti hai.....meri zindagi
me khuda ne bheja apko ek farishta banakar.....jab bhi apka haat
mere haat me hoo muje zindagi jeene ki khwahish hoti hai.....
****

Mere sathi mere humnava mera haat thamlo zara.....apke haton me haat liye kuch kehna hai muje....jab bhi meri zindagi me khushiyaan aye unki waja ap bano.... Jab bhi apko koi gham sataye muje yaad karo.....palak jhapak ne se pehle my apke gham khushiyon me badaldunga.....apke kadamo me meri sari khushiyaan rakhdunga......apko khush dekhna yahi hai meri aarzoo.... Jab bhi apke our gham aye .....apke aage deewaar bankar my khud ko rakhdunga

****

Kabhi meri mohabbat ko thodi der ke liye mehsoos karo..... Thodi der khud ko mera kardo..... My apse itni mohabbat karta hoon ap soch be nahi sakte.....thodi der kehkar puri zindagi bas muje apna kardo....

****

Aya hoon lekar my apni mohabbat tere liye.....koi nai hai mera hai toh bas tu hai mere liye..... Wada hai mera har kadm par sahaara banunga tera.....bas muje kabhi akela mat chodna muje bas ban na hai tera sirf tera.....

****

Teri hasti hui tasveer se bhout saari baaten karte hai.....jo kuch be tuje keh nahi sakte o sab teri tasveer se kehte hai.....kabhi kabhi haste hai kabhi kabhi aansooo se teri tasveer gheeli karte hai......itni mohabbat hai tujhse ke bina teri surat dekhe ankhein band nahi hoti.... Jab khulti hai ankhein teri surat meri aankho me hai hoti....meri jaan tu he meri mohabbat aur tu he Mera sab kuch hai.....har lamha meri zindagi ka tujhse juda hai....tere saye me rehna hai humme..... Tujhse aakhri saans tak mohabbat karni hai humme.....teri har khwaahish puri karni hai humme.....jab mere jism se ruh nikle teri bahon me marna hai humme......

****

Ap itne khubsurat ho meri ankhein itni khubsurti nahi dekhi kabhi.....aisa koi zevrat duniya me bana na ho jo apse khubsurat lage.....mera baas chale toh Sare taare tod kar ph ap ko sajadun....haaton me apke nayab kangan khanka dun....ankhon me apke hooron ka noor laga dun.....kadmo me apke sari duniya ke khushiyaan laadun....mera maksab bas apko khush dekhna hai.... Apki khushiyon ke liye meri jaan my khud ko lutadun.....

****

Humne dil ke darwazon ko khol diya khushiyaan ki aahat samaj kar... Kis ko pata tha o aahat khushiyon ki nahi teeron ki thi......

Dusrun ki khushiyon ke liye jeerathe.... Khud ki khushiyon ko dafan kar ke....

****

Jab bhi tuje dekhon mujhko sukun mile.....har waqt mere tujhbin adhura lage....my bhale jaise be hoon mujhko tere pass rehna hai.... Tujhko ankh bhar dekhna hai.... Tere labon se mera naam sun na hai....tere haat ko kas ke pakad na hai....my mujhme tujhko mehsoos karne laga hoon....tab se meri Jaan my jeene laga hoon....

****

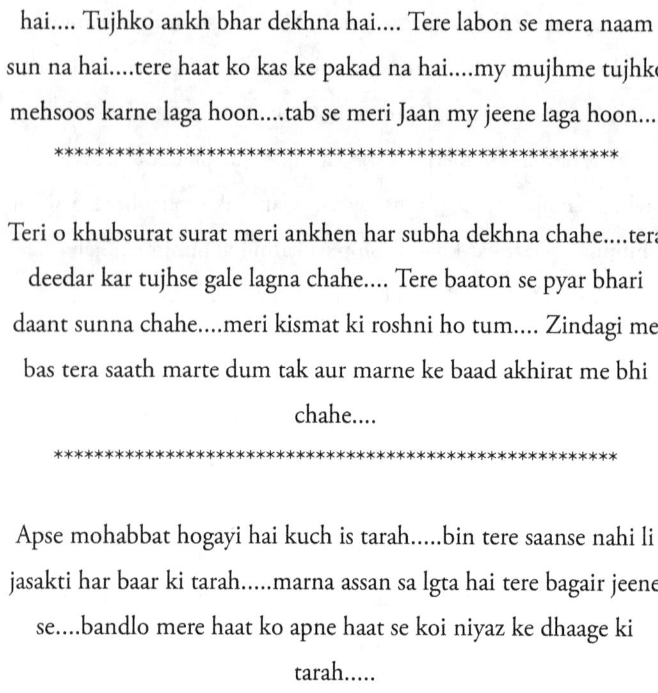

Teri o khubsurat surat meri ankhen har subha dekhna chahe....tera deedar kar tujhse gale lagna chahe.... Tere baaton se pyar bhari daant sunna chahe....meri kismat ki roshni ho tum.... Zindagi me bas tera saath marte dum tak aur marne ke baad akhirat me bhi chahe....

****

Apse mohabbat hogayi hai kuch is tarah.....bin tere saanse nahi li jasakti har baar ki tarah.....marna assan sa lgta hai tere bagair jeene se....bandlo mere haat ko apne haat se koi niyaz ke dhaage ki tarah.....

****

Jab dekha tha apko pehli baar dil ne mujhse fariyaad ki aur maine rab se dua ki ke apko mera rehnuma banaye....apko jab dekha toh ehsaas hua ki rab ki rehmat kaisi hoti hi aur rab ki shaan kaisi hoti hai....pehli nazar me apse pyar hogaya aur rab se dua krne lage apki kismat me aur meri kismat me ek dusre ko shamil kren.... My apse itna pyar krta hoon koi lamha mera apko soche bina jaata nahi.... Apki muskan dekhe bina my muskurata nahi.... Apko gham me dekh my hasna bhul jata hoon..... Meri jaan apki khushiyon ke liye my khud ki khushiyaan bhul jata hoon.... Meri zindagi meri khushiyaan meri aarzo meri dduayen meri shaan meri izzat meri daulat toh sirf ap ho.....rab se behtar insaan ka dil koi nahi jaan sakta.... Isi tarah mere dil me apke liye kitna pyar hai yeh toh bas rab jaante hai.... My apki aankhon me dekhkar yeh kehna chahta hoon ke honge kahi log duniya me par ap se behtar koi nahi apse khubsurat koi nhi apse acha koi nahi.....my apka haat pakad kar yeh kehna chahta hoon jitna apse pyar karta hoon usse kahi guna zyada pyar karunga meri akhri saans tak....jitna apki parwah karta hoon usse kahi gunna zyada parwah karunga apki hifazat me khud ko aage rakhunga.... Apki khushiyon ke liye har had par karjaonga....apne muje apnaya nahi hai bawajood iske my apse itni mohabbat karta hoon..... Bas ek lamhe ke liye soch lo agar apne muje apna liya toh my apse aur Kitni zyada mohabbat karunga.....my aisa kuch kar nahi sakta jisse ap mere ho jao.... My bas rab se dua kar sakta hoon.....ke mere naseeb me bas apke naam ki khushiyaan ho aur mera naseeb sirf ap ho......

****

Jitni khushiyaan is duniya me hai sari khushiyaan apko dedun..... Meri mohabbat ki dastaan in imaraton pe likhdun.....itni shiddat se apko chahoon duniya ka har hissa apko meri mohabbat se jaane.....my apna sab kuch khodun toh be muje koi gham nahi meri kismat ke har paane pe bas khuda se kehkar tumhe likha dun...

****

Tum jo mere saat ho phir kya hai yeh duniya naam ki.... Haat jo mera tere haat me hoo toh khushiyaan hain mere pyar ki....jitna tere kareeb rahun utna he behtar hai mere liye.....meri zindagi ho tum.... Tum bin meri zindagi naakam si....

****

Taraste hai hum tera deedar karne ke liye....tumhe apni zindagi banana hai jeene ke liye......tumse shiddat se pyar karte hai.....tumhe khone se bhout darte hai.....zindagi tere naam kardi hai.....bas muje apnalo zindagi yehi kehti hai.....

****

Intezar hai tera meri zindagi me ane ka.....khushiyaan toh bas tumse hai gham hai toh bas teri judai ka.....tere bin jiya nahi jaata......bas intezaar hai mere naam ke saat tera naam judjaane ka....

****

Agg jalake roshni toh aajayegi..... Par thodi der me wahi agg khak kehlayegi.....agg ki roushni apne dilon me paida karo taaki zindagi roshan hojaye......

****

Tumse mohabbat kaise na kare jab tumhe dekh ke dil ko sunkun milta hai..... Tumse dur kaise chalejaye jab durie tumse mout ki nishani hai.... Tumhari parwah karna kaise choden jab tumhari parwah karna humari zimmedaari hai....naamunmik hai mera tumhe tanha chodna..... Kyon ke har kadam par tere saaya jo ban na hai....zindagi ki har lamha tumhare saat jo jeena hai.... Kuch hai meri zindagi me toh bas tumhara saat hai....bin tumhare jeene se behtar mera guzar jana hai.....

****

Tere bin jiya nahi jaye... Kyon Tu mujhko khud se na milaye..... Raahen meri kaaton ki hai.... Phool bankar Tu mujhme bas jayen....kya karun my jeekar jab tu mera nahi hai.... Aankho me tere naam ke aanso lekar kyon na hum marjayen......

****

Tujhse mohabbat behad hai... Tu he toh meri rab se ibadat hai....har lamha muje teri kareeb ana hai..... Phir kyon yeh judai ka gham dil ko tadpata hai.....bahut he taklif hai muje bin tere jeene me.....yeh taklif ko tera bankar dafna na hai....

****

Mere gham ke har anson ke katre me teri hasti hui surat dikhti hai.... Yahi wajah hai jo hum rote hai toh be teri surat dekhkar haste hai....meri khushiyaan ho tum jo kabhi mere haq me nahi.....bas yahi dua hai rab se ke meri har khushiyaan bas tumse ho.....

****

Jaise samundar ke saat lehren rehti hai waise he humme apke saat rehna hai.... Jaise kashti ko lehren kinaare tak ponhchati hai waise he ap tak mujhko pohanchna hai......jaise sujar doobta hai samundar ki bahon me waise he humme apki bahon me doobna hai..... Jaise khubsurat chand ki roshni samundar par rehti hai.....waise he humme zindagi bhar apke saat rehna hai.....

****

Aankhon me teri doob jao kuch is tarah jaise koi samundar me doob raha ho....dil me tere bas jao kuch is tarah jaise asman me basa hua chand hoon....zindagi me bas jaon teri kuch is tarah jaise ek dusre ke bagair saansen na leni ho.... Mera sab kuch tumse ho tumhare bagair meri zindagi na ho.....

****

Dil me mere bas gaye ho tum..... Zindagi meri ban gaye ho tum.....tum bin kuch aur nahi hai.....jeene ki wajah ban gaye ho tum......tumse mohabbat sab se alag hai....mere jism ki ruh bangaye ho tum.....

****

Aankhon ke aansooo lekar tere kadamon me aya hoon.....har katra uske naam ki gawahi de raha hai....usi ka naam tera sajde me chila raha hai....bas tu mujhse raazi hoja aur usse mera naseeb banade........kis ke paas jaon my apna dard lekar..... koi nahi hai mera jis ko my apna dard sunao.....har shaks mujhko mazak bana diya hai....har koi mujhpe hasne laga hai.....Unka naam lekar roraha hoon unki yaad me tadap raha hoon....mera haal tujhko sab se behtar malum hai....tujhko yeh bhi maalum hai na ke maine kisi se itni mohabbat nahi ki hai jitni mai unse karta hoon.... Phir kyon Tu mujhko unse itna dur kar raha hai.....Maine toh bas mohabbat ki hai unse....dilon-jaan se chaha hai unhe....unke haste hue chehre ko dekhe bina my hasta nahi unki meethi si aawaz sune bina mera din guzar ta nahi....mere jina ka maksad bas o he hai.... Phir kyon unse muje dur kar raha hai....Kitna gid gidaon duaon me unhe maangte hue.... Kitna tadpaoge aur muje....koi kaami reh gayi hai kya meri mohabbat me.... meri mohabbat unke lia kya hai.....muje pura yakeen hai ke o sirf mera pyar hai aur mere haq me hai.....muje har imtehaan unhe paane ke liye manzoor hai.... Bas unki judai nahi.....Tadpao muje aur jab tak my tut na jaon.....rulao muje aur jab tak mere aansoun ka samandar sukh na jaye.....dard do muje aur jab tak my mar na jaon....yun toh sab dur ho rahe hai mujhse akele kardo muje aur jab tak koi apna naho..... Aur jo bhi taklif deni ho dedo muje ....bas mere haq me meri mohabbat muje dedo....agar meri mohabbat muje nahi dete ho toh bas unki bahoun me apka zikr karte hue muje mout dedo.....

****

Naa jao mujhse dur lout aao na meri jaan...
Meri mohabbat me koi kammi hai kya batao na meri jaan....khud ko mera sahara bana kar kyon muje chod jaarahe ho.....Aap toh jaan te ho na bin tumhare bebas hai hum.
Kis ko sunaye Apna gham....dur hokar mere pyar ko rok nahi sakte....maine khud ko tumhare naam kardiya hai apnalo muje meri jaan....naseeb apna ek he toh hai milna toh humko zarur hai phir kyon durie bana rahe ho lout aao na mere paas meri jaan.....

****

Jaise baarish ke boonden Unginat hote hai waise he apki Unginat parwah karne ki aadat hai......apko thodi be taklif me dekh nahi sakte.....ap jaan te nahi mere liye ap kya ho....
Jab bhi ap khsuh nahi rehhte ho....khud ko taklif me dekhte hai....

****

Mera dil khaid hai aur chaabi apke paas hai....
Kabhi usko khol ke toh dekho tumhe pata chale ga ke o apko kitna pyar karta hai....

****

Apne seene se lagya tha unhone humme kuch is tarah....bas ab akele rehta hoon toh be unhe apne seene se lage hua pata hoon......

****

Meri andhero bhari duniya me roshni ho tum....

Bharpur ujale ki ek saachi si chamak ho tum....

Meri zindagi me aakar mujhko andheron se azaad kiye ho tum....

Bas yahi keh sakta hoon tumse.... Bhale he meri sari zindagi raaton

jaisi kyon na ho bas chand ki tarah humesha saat rehna tum......

****

Tere naam ki tasbi mere labon pe Humesha jaari rehti hai.....har

taraf bas tera zikr ibaadat ki tarah hota hai.....har sajde me bas

tumhe apna banane ki baat khuda se ki hai....palkon pe anson ke

moti lekar dua maangta hoon tumhe paane ki.....kyon ki yahi toh

wajah hai meri duniya me aanne ki.....

****

Har zarya mera tu he toh hai....

Har wada mera tujhse he toh hai....

Tujhko my chahta hoon dilon jaaan se.....har lamha tujh ko

aknhon ne dekha toh hai....har khwahish meri tujhse he toh

hai.....tum bin my bejaan sa hoon teri bahon me he toh meri

zindagi hai.....

****

Har dafa tujhko dekhon....

har dafa tujh ko sochun....

Har pehar tujhko chahonnn.....

Har ghadi tujhko maango......

Meri zubaan par tere siwa koi aur zikr aata nahi.....kyon ki meri

zindagi ka koi lamha tere bagair my jeene chahta nahi....

****

Ek awaz hai teri jo mujhko khushiyon se milati hai....

Ek chehra hai tera jo mujhpe rehmat barsata hai....

Ek dil hai tera jo mera pyar kabhi apnaya nahi.....

Aur ek dil hai mera jo tujhko uski dhadakne ki wajah banali

hai.....

****

Ap toh jaan te ho na apka muskurata chehra dekh kar my kitna

khush ho jata hoon.....

Jis din apko naa dekhon my har waqt gham me mandrata hoon.....

Kabhi aisa koi waqt meri zindagi me naaye jis din my apko naa

dekhun ya na sunoon.....

Aisa koi lamha agar meri zindagi me aye toh is paal bas meri

saanse tham jaye.....

****

Kabhi mai ne socha he nahi ke tum meri jaan banjaoge.....meri
zindagi aur meri khushiyon ka raaz banjaoge.....kabhi kabhi khud
se puchne lagta hoon ke koi kisi se itni mohabbat kaise kar sakta
hai.....kis ko pata tha ke meri saansen leneki wajah tum
banjaoge.....

****

Meri bas ek he toh aarzo hai.... Jisme bas teri mohabbat hai....dil
ki koi dusri hasrat nahi.... Kuch hai toh bas Meri zindagi me tuje
apna banane ki khwaahish hai....

****

Jaise chand badalon ke saat rehta hai.... Humme be waise he apke

saat rehne ki aadat hai.....

Jaise pholo me khushboo hona lazmi hai waise mujheme apka

hona lazmi hai

Aisa kaha jaata hai ke Dua bhi ek ibaadat hoti hai......toh meri har

ibaadat rab se apke naam ke saat shuru aur apke naam pe khatm

hoti hai.....

****

Mere Ungilyon ki tasbi me rab ke baad sirf apka zikr hota hai.....
Mere haat rab ke aage apki khushiyon ki Duaon ke liye uthte
hai..... Aisa koi lamha nahi hai mera jis lamhe me apka zikr na hua
ho..... Meri zindagi me kisi ko itni ehmiyat na di maine par apko
di hai.....kyon ki meri zindagi meri khushiyaan meri mohabbat
meri kayennat toh sirf ap he hai.......

****

Nazre khuda ke aage jhukata hoon apki faryad lekar...... Haaton
ko khuda ke aage utha hoon apki khushiyon ki duaen lekar....
Sajde me sar jhukata hoon khuda se apko apna banane ki
umeeden lekar.....khuda na mujhko apki zindagi me laya hai toh
kuch toh wajah hogi...... Meri palkon ka har katra khuda ke
daman me gira hai sirf aur sirf apko mera humnuva banane ki baat

ko lekar......

****

Jab bhi tume na dekhon na sunu tumhari yaad bhout aati hai....yaadon me aksar mera dil gham hojata hai....pata nahi kaisa sukun hai tumhare deedar me...... Jis din na dekhun tumhe ankhon me bas tumhaara chehra aanso banjata hai....

****

Ek teri pyar bhari muskurahat dekh ke mera din banjata hai....tera noorani chechra dekh ke mere ankhon me noor aajata hai.....mera sab kuch is duniya me Tu he toh hai....te re bagair meri zindagi kya hai.... Jo bhi hai mere liye tu bas tu he hai....

****

Mera dil tumse pyar kar baitha....Ab o kisi aur ko usme basne ki ijazat nahi deta....bhale tum ussme basjao ya nahi.... Ab my usko bin tumhare dhadakne kisi ijazat nahi deta....

****

Teri aawaz sune bina meri raaten nahi kat ti..... Teri muskan dekhe bina meri dil ko sunkun nahi Milta....jab tak my jaan na lo tera haal my ghabra jata hoon.... Kyon ki teri khushi dekhe bagair meri ankhein neend se nahi milti....

****

Kabhi ek baar mujhse pucho ke mera dil kya chahta hai...... Mera dil bolega bas ek bar gale lagalo aur kehdo yeh toh mera ghar hai isme basna mera haq hai..... Mohabbat kya hoti hai tumse mohabbat karne ke baad pata chala hai
Warna my toh veeraan sa tha... zindagi tere saat jeena ab bas yahi meri dua hai....

****

Ap ko naraz dekh kar khuda kaher Machadenge....apko behad chahte hai khuda kabhi kafa dekh nahi sakte.....apki har khushiyaan louta denge zarur kyon ki khuda apko kabhi taklif me dekh nahi sakte.....

****

Dur mujhse jaoge hum jeenahi payenge...
Tumhare pyar ke liye tadap rahe hai dur hojaoge toh hum mar jayenge......tum he ho meri zindagi tum he ho mera pyar bin tumhare meri zindagi hai he nahi mere yaar.....kaise bato tumhe ankhein band nahi hoti jab tak tumhari muskan bhari aawaz mere kaanon me nahi gunjti.....dil bechain ho jata hai jab tum khush nahi hoti....tumhari khushiyaan mere liye sab kuch hai.... Har had par karjaonga tumhari khushiyon ke khatir.....bas tum banjao meri

zindagi ke musafir..... Tum meri jeene ki wajah ho tum meri mohabbat ki fiza ho....pata nahi kaisa mod aya hai hamari zindagi me paas rehkar be durie hai....ek dusre se pyar karne ki majbori hai....har mushkilat sehne ke liye taiyar hoon bas mera saat mat chodna bas mujhse dur mat hona kyon ki Dur mujhse jaoge hum jeenahi payenge...

Tumhare pyar ke liye tadap rahe hai dur hojaoge toh hum mar jayenge

****

Sabr karna bhout achi baat hai.....jab baat humare sabr ki ayi toh sabr be rab se dwarkhast karne laga ke my sabr hokar is bande ka sabr aur bardaasht nahi kar sakta......akhir kaar sabr ne be toh mera sabr dekha tha.....humne kya kuch nahi kiya apni mohabbat ke khatir.....hum jaan te the ke o kisi aur ke hain phir be unse pyar karte hai....hum jaan te hai ke o humme apnayenge nahi phir be unhi ko apna bana baithe.... Hum nahi jaan te unke dil me hummare liya kya hai.....phir be unhi ko apna sab kuch bana baithe.....hum apni mohabbat ki khushiyon ke khatir unki mohabbat ke liye duaayen karte hai.... Kyon ki unki mohabbat unko behad pyari hai....hum khushi khishi unki mohabbat ke baare me sunte hai..... Jab o unki mohabbat ke saat hote hai dil me dard hota hai par jab Apni mohabbat ko khush Dekhte hai toh o dard khushi me badaljata hai.....apni mohabbat ki parwah karna toh farz hai mera bhale o muje apnaye ya thukrai.....jis tariqe se hum mohabbat karte hai usse log pagalpan kehte hai.... Par kya kare unse pyara shaks humari zindagi me koi hai he nahi.....har waqt bas sabr me guzar dunga har taklif me rab ko yaad karunga dekhte hai khuda kya likha hai meri naseeb me.... Agar unhe meri naseeb me nahi likha hai toh apni zindagi tabah kar dunga......

****

Unhone muje pyar karna sikhaya.....unhone muje sabr karna sikhaya..... Unhone muje gussa na karna sikhaya....itni mohabbat hogayi hai unse ke o khud jaan te hai ke unke bagair hum jeenahi sakte.....unhone muje sab achi cheezen sikhayi par unke bagair jeena kaise hai yeh kabhi nahi sikhaya.....

****

Har sajda mera unka naam lekar rab ke aage rakha hai.....har ayat me unka naam mera dil dohrata hai....unke naaam ki duaayen toh mera zikr baan chuki hai.....har baari khuda ko yaad kiya hai toh bas unka naam lekar yaad kiya hai.....

****

Maine unse is kadr mohabbat ki hai ke koi had nhi.... Unki khushiyon ke liye khushi khushi apni mohabbat tabah kardunga.....kyon ki my jaan ta hoon unhe meri mohabbat se badkar unki mohabbat hai.....aur meri mohabbat kya he hogi unse agar my unki khushiyaan puri na Karsakun.....

****

My unke sapnon kisi chadar udh baitha tha....pata nahi chala ke o sapnon ki chaddar kab meri kafan ban gayi.....

****

Meri khushiyon ka janaza uth gaya unke dur jaane se......unki durie ko apni maazar banaye baitha hoon......roshni bhari hui thi meri zindagi me unke hone se ....abhi andhera baras raha hai unke na hone se......meri zindagi toh jal rahi hai usi ko apna ujala banaye baitha hoon.....

****

Meri raaten gawaah hai my unko paane ke liya kitna roya hoon.....meri ibadat gawaah hai my unse rishta jodne me kitna roya hoon.....har paher bas rab se tumhe maanga hai maine..... Meri ankhon ka har aanso gawah hai my bas tumhe apna banane ke liye roya hoon.....

****

Ek teri yaad me rote rahe hai hum.....dur hokar tujhse tadap te rahe hai hum..... Kya ek baar bi tera dil mujhko yaad na kia.....issi baat ko sochkar tut se gaye hai hum......

****

Faana hojaonga teri khushiyon ke liye.....har baat ko qubool karli hai teri khushiyon ke liye....humse behtar tume koi chah nahi sakta..... Maine apni mohabbat dau pe lagadi hai teri khushiyon ke liye......

****

Mujhse dur hokar tum khush toh rehjaoge.... Par mere pyar tumhe zarur yaad ayega.... Jab bhi kabhi meri yaad ayegi toh bas kuch be soche bagair mere paas chale aana.... My apne gale se tumhe kas ke lagalunga aur kahunga ab jo aagaye ho phir kabhi mat jana.....mere ho bas mere rehjana..... Saat chodkar jana hai to us din tumhare saath mera janaza lejana......

****

Mera farz baan ta hai tumhe khud se zyada chahoon....muje kuch maine nahi siway tere... ..bas tera saat humesha chahoon.....zindagi me koi nahi mera jise my apna kahon......koi hai mera toh tu hai.....my teri zindagi ban na chahoon Tu nahi toh bas teri yaadon me my marna chahoon......

****

Kash meri hallat meri maa jaan ti..... Aur mujhse muchti beta kya kar ke aye ho.....maa fote hue kehdeta pyar kar ke aya hoon..... Aur o muje apne seene se laage ke kehti beta maayus mat ho sab thik ho jayega.....

****

Kabhi aanso barse kabhi lab muskuraye.... Jab bhi yaad teri jaanam hum ko aye.....dur tujhse hokar pyar aur gehra huwa hai yeh baat kaise jaanam tumko samjhaye.....tum chahe jitni bhi koshish karlo humse dur jaane ki hum tumse dur nahi honge....kabhi apna saaya dekhlena hum tumko wahi nazar ayenge.....

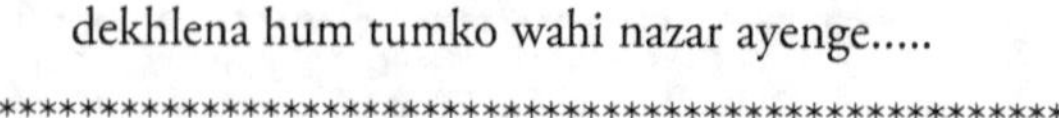

****

Jana meri jana duri na mujhse bada....

Dur reh kar tujhse tadapna kaisa hai mera.....

Yaadien teri bhout he satati hai...

Batten teri bhout he yaad aati hai....

Ajaona mere paas aur gale lagao na meri jana

****

Some where in the blue sky there is one place where I want to hide with you... Just you and me there could no one be..... All I want is you just you..... No reason of living life without you..... Ur the one who make me feel so special like no one does...... Ur my strength ur my bright ur my life ur my love.... Just be with me don't leave my hand .....my tears screams just your name when they come out of my eyes.... My heart want to make u a reason to beat all the time..... You cannot even imagine the much more I love you......

****

Meri ankhein bas Tumhe dekhna chahti hai....

Koi khubsurat sa kyon na nazara ho ankhein toh bas tumhe dekhna chahti hai....

Jab bhi tumhara deedar na ho ankhein toh namm hojati hai.....my tadapta rehta hoon tumhe dekhne ke liya har taraf tumhe dhund ta rehta hoon tumhe dekhne ke liya... Kabhi nazron se dur na hona....warna ankhien baras ne lagti hai....

****

Mere zehan me bas tera khayal rehta hai..... Koi meri qairiyat puche tera naam meri zuban se ata hai.....har ghadi tujhko sochne ki aadat hai humme.....koi kuch be mujhse puche har baar meri zubaan se sirf tera zikr ata hai....

****

Kya kahon teri tarifon me.... Lafz kaam padjate hai bayan karne me.....koi itna behtareen shask shayed he duniya me hoga....jaise tum bangaye ho meri zindagi me....

****

Abhi dil ko bhout tadapna padega unhe paane ke liye..... Aur be kahi sare imtehaan dene padenge unhe apna bana ne ke liye.....aur zyada kya taklif ho sakti hai jo seh raha hoon unse dur hokar.....awaz unki sone bina raaten guzar rahi hai aur my tadapraha hoon unse raabta karne ke liye.....

****

Badlenge raste badlegi hawayein badlega mausam.....dur hojaoge tum sab khatam hojayega mera ....bas rehjayegi mere ansowon ki rim jhim......yeh kaisi saza mil rahi hai muje jahan koi kasoor nahi hai mera....ro raha hoon pal pal bas sahara chahiye tera....itna be mat tadpaona bas Thodi der seene se lagakar pyar kar lo na.....

****

Meri jaan mujhse dur ho gayi hai....jeene me bhout taklif horahi hai.... akela hogaya hoon tujhse dur hokar.....tham lo muje phir se muje Tumhare bagair zindagi jeeni nahi hai.....

****

Kabhi teri yaadon me aksar khojata hoon....bin tere my akela hota hoon.... Koi kyon na ho mere paas teri yaad mujhe aati hai.....har ghadi teri surat nigahon me hoti hai.... Har katra mera tere liya hota hai.....jab bhi my tumhe naa dekhun tadap kar my sari raat rota hoon....

****

Meri haalat puchte ho my has kar kehta hoon my thik hoon..... Par dil mera mujhse kehta hai.....agar sach nahi bol sakte toh sach me thik kyon nahi ho jate..... Par mera dil be jaan ta hai jab tak o mere nahi hote my thik nahi hota hoon....

****

Thodi taklif hum he sehlenge par tumhe na kabhi taklif denge..... Jo marzi ho tumhari uspe hum raazi honge par tumhe kabhi kisi cheez ke liya zabardasti nahi karenge.....

****

Teri bahon me rehna hai humme teri parwah karna hai humme tujhse he mohabbat karni hai humme.....tuje dekhke kafa ...dil mera rota hai... Meri jaaan tujhe sirf haste hue meri aankhon ko dekhna hai.....

****

Kash yeh tumse kabhi keh pata ke tumhe kitna chah te hai....
Tumhare bagair kitna tadapte hai.....dil mera bebas hai.... Agar
hota kuch aisa toh jo bhi waqt tere saat bitaya hai o usse wahi rok
dete.....

****

Tumhe haste dekh sukun milta hai humme.... Kitna koi koshish
karle jb tak tumhe na dikhe taklif hoti Hai humme......apko haste
dekhna hai Hamesha....kafa dekh ke tumhe taklif bohout hoti hai
humme.....

****

Mere alfaazon ko kabhi dil se samajna....jo kuch tumse kehnahi
sakte.... Alfaazon me bayan kardete hai.....

****

Jab bhi bekarar hota hoon tumhe yaad karta hoon.... Bohut sukun
hai teri yaadon me.....ankhein baras jaati hai meri phir be hosh
nahi rehta hai humme....utna teri yaddon me khojata hoon....

****

Muje bas tere dil me rehne ki Ijazat dede..... Teri bahon me bas ne
ki ijazat dede.....tere saye me choun paane ki ijazat dede.... Tere
bagair na jeeyon tere bina saanse naa loon.... Bas meri har saans pe

apna haq dede

****

Tujhme bas ke my khud ko pura lagon.....

Tujh bin my suna sa rehne lagon

mera toh bas tu he hai..tere bin my adhura lagon...

Tujkho ko dekhon toh rahat ki sukun mujhme base...

tu jo mera hai toh my khud ko zinda lagon...

Dekhke ke tujhko dil mera dhadke... sun ke tujhko lab mere
muskuraye...

tu he hai meri pehli khwahish.....khuda se hai mannga maine
tujko aur ban baitha my tera aashiq....Tujhse milaya hai khuda
kuch toh wajah hogi.....

Phir humne jana yeh tu he mere jeene ki wajah hogi...

****

Kyondur ho mujhse kabhi meere kaarib toh aao na
gale laga ke mujhkomujhe apna bana lo na....
bin tere mera wajood nahi....
mykahi khud ko khona doon usse pehle muje apnalona....

****

Mere rehnuma bangaye ho tum

jeene ki wajah bangaye ho tum

khatirtumhari sab kuch luta dun...

bahom me teri khud ko bhuladun

mere har kadam ka rasta ban gaye hotum....

****

kyonmila muje dard itna teri mohabbat me....

Is dard ki dastaansochkar khud pe taras aya...

shayed galti meri thi jo tumhedunya me sab se badkar chaha....

abi khud ko sambhal na namunkinhogaya hai...

yeh mera naseeb tha jo hamesha mere hisse me ghamleaya

****

Khudane kya likha hai meri kismat me...

unhe meri nazron ke agge tohrakha hai...par muje unka banaya
nahi...

unke liye mere dil memohabbat toh bhardi hai...par mere liye
gham kyon rakha hai...

hargham sehlunga haste haste bas is gham ke badle muje unka
pyarmilljaye....

****

Merenaam ke saat tere naam judjaye...

meri kismat me tere naamlikhjaye...

roye tu toh meri ankh bhar jaye....

hase tu tohmera dil khush hojaye...

jaisi be zindagi ho meri muje gham nahimujhme bas tu basjaye....

****

terebagair jeena toh beraham saza hai...

hum kaise jeelen jab tumera nahi....

har bar tere rubaro rehna tujhko dekhna tujhko sunna teri

muskurahat dekhna aadat hai meri...

tu he meri mohabbathai agar tu nahi toh jeene mera

munkinnahi......

****

Ajjphir se humko kuch taaklif senhi hogi

o jayenge apni mohabbaatke saat aur meri ankhen dekhti hongi...

itna lachar hoon ke unpeapna haq jata nahi sakta....

mera dil rota rahega phir be merechehre par hasihogi.....

****

Tujhse mohabat hai tu he mera pyar hai....

tujhse he chain hai....tu hemeri doulat hai....

aisa koi lamha na ho jis lamha tuje chaha naho....

Har waqt meri zuban pe naam tera....

tujhse heraahat haii.....kyon ki tere zikr se chahat hai....

****

ek tu he hai jisse dil ne chahha hai...

tuhjko he yeh dil apna mana hai....

Dil me mere tere naam ki dhadkan basti hai...

kyon ki tu he iss dil ki jaan hai...

tujhe mujhme basana is dil ka armaan hai.....

****

Apke labon se nikli har boli behad meethi lagti hai....

apke ke chehre se noor bhari barsaat hoti hai...

dunya me honge kahi khubsurat loog...

Khuda ki banayi hui sab se khubsurat shaksiyaat humme apme

dikhti hai.....

****

Jab bhi tum haste ho bohout he khubsurat lagte ho.....

humme addat hai tumhare khubsuat chehre pe hasi dekhne ki....

khuda kare tumhari sari naarazgi ka patta mera hojaye..

khushiyan meri saari teri hojaye....tum hamesha khush

raho....tumhe khush dekh mera zindagi ban jaye...

****

jitna mere dil ke kareeb tu hai........Koi na tha.... na he hoga....

dil ko mere gawara nahi sivay tere koi aur bas jaye....

yeh mera dil tera tha tera hai tera he rahega.....

Tere deedar me jadugari hai

Meri saanson me teri pyar ki mehak hai

mere dil me tum base ho jaise chand basta hai assmaan me...

tere saat he muje meri puri zindagi jeeni hai

Kash kabhi o mujhse be kahe ke tum bin jiya nahi jaata...

Kash kabhi o mujhse be kahe ke tume dekhe bina din nahi jaata...

Kash ke o yeh bhi kehde ki tum jaan ho humari....

kash kabhi o mujhse be kahe ke zindagi bhar tumhare saat rehna

hai...

tumhe apne seene se lagana hai....tumhari bahon me rehna hai...

Kash is kash ko khuda haqiqat banade.....kaise be karke muje bas

tumhara banade bas tumhara banade.......

****

Tujhse pyar hai humme beshak yeh my tujhse kehna chahoon

muddaton se intezar kia hai tera muje apna banane ka....

akhri lamha tak my intezar karna chahoon

mera naam sirf tere naam se jude har kadam pe bas tera saat

chahoon...

My tera aina bana chahoon....jab bhi tu muje dekhe mujhme tu tujhe paye itna my tujhse pyar karna chahoon...

****

Tujhme bas ke my khud ko pura lagon.....
Tujh bin my suna sa rehne lagon
mera toh bas tu he hai..tere bin my adhura lagon...
Tujkho ko dekhon toh rahat ki sukun mujhme base...
tu jo mera hai toh my khud ko zinda lagon...

****

Tujhse milaya hai khuda kuch toh wajah hogi.....
Phir humne jana yeh tu he mere jeene ki wajah hogi...
Dekhke ke tujhko dil mera dhadke... sun ke tujhko lab mere muskuraye...
tu he hai meri pehli khwahish.....khuda se hai mannga maine tujko anr ban baitha my tera aashiq....

****

humne yeh suna tha raat me soya karte hai.....
par meri raaten toh roke guzarti hai...
bhout he taklif hai humme aise jeene me....
tum bin dard bhout hai is seene me...
jaan jaarahi hai meri tumse dur hokar.....

lout aao mere paas bohout sukun hai tera mere hone me.......

****

Kaise mod par zindagi humme leayi...

Jeeni hai zindagi jisme tujhse hai judai...

teri yaadon me aksar tadpaye tanhayi....

jab bhi tu mujhse dur jaye meri ankh bhar ayi......

Faisla mera tay hai tum bin muje jeeena nahi hai...

Jaise raasta tumhara meri zindagi se jaane ka saaaf hai....

wahi raasta meri zindagi me ane ka hai....

Jab bhi marzi ho aajana mere paas

wada hai mere humnawa.....my sirf tera tha tera hoon tera

rahunga.....

Apko jaana he hai muje chod ke toh chalejao.....

main ap pe apna haq jatao itni muje ijazat nahi....

mere lab tume rok na chahte hai.... par o kuch kahenge nahi...

par mera dil chila chila ke kahega lout ajao tum bin meri zindagi...

zindagi nahi.....

****

Hum jaan te hai hummara naseeb bikhra hua hai

is bikhre hue naseeb ko jama do....

dard hai bhout teri judai me.....is dard ko mita do.....

tujhse mohabbat karta hoon my yeh haq mujhse koi cheen nahi

sakta.....

my jeena chahta hoon par tum bin mar raha hoon....muje marne

se bacha do....

****

Chehra tera ho uspe noor mera ho...

lab tere ho par hasi ki wajah meri ho....

jism mera ho par ruh teri ho....

Dil mera ho par dhadkan teri ho.....

muje pata hai ke tum mere nahi ho....

par jab bhi meri yaad aye toh bina kuch soche mere paas ajao...

jaan te ho na jab bhi yaad meri ho toh mera ankhon ka deedar tera

ho...

****

ek tu he toh haui jispe mera dil fida hai...

ek teri khushi toh meri sari kayenaath hai...

tujhse mohabbat sabse badkar karne ki aadat hai muje....

meri zindagi me koi hai jiske khatir my apni jaan be lutadun toh

wo sir tu he toh hai...

My us darya ke paas khada hoon jahan mera koi kinara nahi...

Meri manzil toh muje pata hai par us tak pohanchne ka rasta

nahi...

bhatakna kya hota hai humse pucho sahi raston par chal ke be

galat jagah jaa pohnche...

koshish umeedon ki jaari rahegi dua manzil paane ki khayam

rahegi bhale manzil mila ya nahi......

****

Tere har kadam pe my farsh banjao....

tere sar par assman sa saya banjao....

jab bhi tu khud ko akela mehsoos kare....

baarish ki boonde bankar tere bahon me basjaon.....

****

my hoon tujhme kabhi mujhko mehsus karo....

mera dil tera hogaya hai kabhi uska khayal karo....

koi aur mujhe lazmi nahi sivay tereeee

my taras raha hoon tere pyar ke liye kabhi mujh ko be pyar

karo.......

****

ban ke hawa my tujh me bas jaon....

bahom me teri my lipatjaon....

har pal bas tere saye me guzardun

kabhi mujhse dur na hona tumse dur hokar my jaon toh kahan

jaon......

****

Dard me kyon hote ho muskarate raho na....

gham tumhare muje dedo aur khud khush raho na...

hum tumhe aisa dekh nahi sakte kyon nahi samajhte ho tum.....

khushiyan meri sari tumhe dedon bas tum haste raho na.....

Kahi arrse lag ne lage hai chand dinon se jo apse baat nahi hui....

Gham ki deewaron me khaid hogaya hoon jo apse mulakat nahi

hui....

kaisi hai yeh mohabaat tujhse...har baari tu dur hai mujhse....

meri zindagi me bas andhera bhar ghaya hai abhi tak subha kyon

nahi hui....

****

kaise batao mera haal kya hai bin tere.....

saanse lena mushkil hogaya hai bin tere.....

dur tujhse hokar nahi jeesakte.....

kyon nahi ban jaate ho tum mere.......

****

Tere saat rehta hoon toh khud ko mehfoos pata hoon...

Tu he hai mera sab kuch yeh my rab se kehta jata hoon...

aye ho meri zindagi me khusiyan ban ke...

unhi khushiyon se tumhe apna bana chahta hoon...

Tumhari hasi pe toh mar mit te hain hum

koi nahi hai itna hasin jitne hasin ho tum...

Ankhon me chamak aajati dekhne se tumhe....

khuda ki koi banawat itna khubsurat nahi jitni khubsurat ho

tum.......

****

Ankhon me teri dekhka hoon toh kahi kho jata hoon...

Chehra dekh ke tera hosh my hosh pata hoon...

kya ho tum mere lia my behtar jaan ta hoon....

koi kuch be kehle muje my toh bas tume he chahta hoon...

Meri har baat ko khud ke paas mehfoos rakhte ho......

mujhse duur rehte ho par meri yaaden apne paas rakhte ho....

Yeh kaisa imtehan khuda leraha hai humse yeh hum nahi jaan

te....

Mana ke hum saat nahi hai phir bhi tum mera khayal rakhte ho....

Meri har baat ko khud ke paas mehfoos rakhte ho......

mujhse duur rehte ho par meri yaaden apne paas rakhte ho....

Yeh kaisa imtehan khuda leraha hai humse yeh hum nahi jaan

te....

Mana ke hum saat nahi hai phir bhi tum mera khayal rakhte ho....

Udas na rehna tu tumhe udasi jajti nahi....

haste rehna hamesha kyon ki nammi tumhe jajti nahi....

Tumhe khud nahi pata ke kitni katilana hai tumhari hasi.....

Muskurado thoda, chehre pe tere ghami Jjajti nahi....

Dur baitha hoon tujhse par tujhko mehsoos kar sakta hoon...

tuje khush dekhne ki dua my rab se roz karta hoon....

Tu mere liye o dua hai jis ke ane se meri zindagi badli...

Har pal har lamha bas teri he yaadon me my rehta hoon....

Kitne ache lagte to tum haste hue...

Koi utna khas nahi jitne khas tum hue....

Kaise dekh sakta tumhe gham me

Koi mera apna hua nahi jitna tum hue...

****

Teri hasi mujhko hasa jaati hai......

Teri nami humko rula jaati hai........

Bas muje toh tumhe dekhna hai haste haste..........

teri khusiyan he hai jo muje jeene ki wajah de jaati hai...

****

Katilana adayain teri dil mujhko madhosh karjati hai...

Noor bhara chehra tera mujh ko chamka jata hai....

tumhe hasta dekh dhadkan meri badjjati hai....

Kyon ho tum itne ache yeh toh batado....

Jab bhi tumhe dekhlo khuda pe aur bhi zyada naaz hojata hai.....

****

Har baar nazren ghumata rehta hoon taki tujhe dekh sakun....

Agar dur hota hoon tujhse toh bhi tujhko mehsoos kar sakoon...

Har baar dil bas teri he yaad me rehta hai...

Bas yahi dua hai ke hamesha teri aaghosh me my reh sakoon...

Thoda sa has ke dikhado....thoda sa humko be hasa do,,,
Kyon naraz hote ho humse bas thoda sa nazren toh mila do...
Kafa tumko hum dekh nahi sakte.....Ek baar apni pyari si muskaan
toh dikha do....

****

Rubaru tere rehne ki addat hai humko...
Din tere bin kahi sall ladte hai humko...
tum Jaan ho meri yeh kehna tumko.
Chahe log jitna bhi dur karle humme bas tumse dur nahi hona hai
humko..
****

Deewana tera..... hai yeh dil mera...
kuch bhi kaho usse o kehega bas tu hai mera...
Dhadakne ki wajah o kehta hai tumko....
Maksad iska banana hai tujhko sirf aur sirf mera...
****

Kyon muje tumse itni mohabbat yeh puchna hai tumse...
Kyon koi itna jaansheen nahi mera jitne tum ho yeh jaan na hai
tumse...
Kyon mera maan nahi lagta tere bina
kyon my lagta hoon adhura tere bina
Kyon meri zindagi jeene ki wajah ban gayi ho bas yeh jaan na hai

tumse...

Jab teri yaad aati hai ankhen meri bhar ati hai...

chechre pe mere tere na hoki kaami nazar ati hai...

Kyon mera maan nahi lagta tere bina kyon my lagta hoon adhura

tere bina.

Dur tumse hum ho nahi sakte isliye bas mere kadam tumhe

manzil banake liye chale jaate hai...

****

Dil mera tumse dwarkhast kar raha hai apna banane ke liye

Uski yeh dwarkasht qubool karlo

Tumhe apna maan chuka hai yeh dil tum bhi isse apna maan lo..

har mod par tera saya banunga har rah par teri manzil banunga...

Jaan ta hoon mushkil hai tumhare lia muje apna banana....bas ek

baar meri mohabbat ku qubool karlo.....

****

Yun toh apko hum aksar dekhte hai....

par thodi be der agar na dekhe toh aisa lagta hai ke kahi arrse se

nahi dekhe...

Ajj phir se apko dekhne ke baad ankhon ko sukun mila...

bahout he bechain hojata hai maan mera jab ap mere karib nahi

hote ho...

Ajj jo phir se apko apne karinb paya toh zindagi jeene ka wajood

mila....

****

Khuda ne itna noor apke chehre me bhara hai jis taraf apki
parchayi hogi us taraf noor ki baarish hogi......Jis sumsan raste par
ap guzro wahan jashn ki raaten hogi....
Muje lagta hai khuda apko bahout shidaat se banaya hoga.....kyon
ki khuda ko pata tha ek ap he hai jo pariyon se pyari hogi...

****

Ek lamha apke saat hota hoon toh puri zindagi jeene ka ehsaas
hota hai...
Ek lamha apse dur hota hoon zindagi khatam hone ka ehsaas hota
hai...
Jab ap mere saat hote ho khud ko my pura lagta hoon
Jab ap mere se dur jaate ho my adhura sa lagta hoon
Meri saanso pe bas apka haq hai.....mujhse dur mat jaana warna
saanse tham jane ka ehsaas hota hai......

****

Noor se bhara chehra apka.....muje noor se bhar gaya...
Dekhke apko mera dil machal gaya...meri nazron se apko my dur
nahi kar sakta aur dekhta rahon apko bas yahi hai arzoo meri
....bejaan sa tha dil mera dekh ke apko dhadak gaya...

****

Muje apne saya me raklo my bhout akela hoon....
Apse duur nahi hoon my aur jaane se darne laga hoon...

har taraf bas ap ka he chehra nazar ata hai muje...
jab se ap meri zindagi me aye hain tab se my jeene laga hoon....

****

Jab humne khuda se mohabat mangi toh unhone bhout aasani se
mohabaat dedi...
Humne khuda se ek baar be zikr nahi kia apse dur hone ka......

toh khuda ne bina mange judai dedi...

****

Kya kahon my ab khuda se.....apko meri zindagi banake mujhse
meri zindagi he leli.... bechain hogaya hoon my tum jo mere paas
nahi ho....
har taraf dekh raha hoon my par tum kahi nahi ho....
Har lamha mera kahi saal jaise guzar raha hai....
Ankho ki hai bas yahi arrzo jahan be dekhe tum he tum .
Ankhen meri mujhse keh rahi hai ke O tumko dhund rahi hai par
tum kahi dikh nahi rahe ho.....

****

Mera Dil kehne laga ankhon se jisse tum dhud rahe ho o sirf aur
sirf mujhme base
Meri ankhon ka sukoon ho tum
meri raston ki manzil ho tum
meri ruh ki jaan ho tum....

meri khusiyon ka raaz ho tum
my kuch nahi tumhare bina
jee raha hoon bas jeene ki wajah ho tum...

****

Ajj o khush toh bahout honge apni mohabbat ke saat....par kahi
na kahi mera be khayal karte honge...
Unki sari khusihayn unke saat hongi par meri khushiyon ke bare
me be zarur sochte honge
Yeh mera waham hai ya yakeen yeh toh bas khuda jane.....
Unke aage sari zindagi hai khusiyon ki phir be o kyon mere bare
me sochte hai
Yeh unka pyar hai ya kya hai yeh toh bas khuda jane.....
Kyon taklif hoti hai unhe jab humme gham me dekh te hain....
Kahi na kahi o be mujhse pyar karte hai...kahi na kahi o be mujhe
khone se darte hai.....
Kya likha hai hummari kismat me yeh toh bas khuda jaane....
karne hain kahi sawal khuda se ke kyon judai hai jab banaya hai ek

duje ke lia

Kyon kareeb rehke be durie hai jab jeena hai ek dusre ke lia

Yeh kaisa imtehan hai hummara... yeh toh bas khuda jaane.....

Bas yahi keh sakta hoon khuda se.... ke har taklif tumhe paane ki

manzoor hai muje....

har khwahish meri qurbaan hai tumhe apna bana ne kia lia....

aanson toh khuda dekh he raha hai.......... agar mera laho ka ek ek

karta rona hai toh qubool hai muje.....Jeena bin tere marna hai

mera....khushiyan bas teri khushiyan hai meri....

Judai teri bas tabahi hai meri.....durie teri zindagi khatam hai...

****

Kaise hai yeh meri mohabbat tumse.... jo mujko khud se zyada

tumhara banadiya....

Wah re khuda kya likhi tune meri kismat unko meri zindagi bana

kar zindagi se juda kardiya.....

****

Wo muskurata chehra o nasheli ankhen hayyeeee kya batayen

kitnikhubsurat hoti hain tumhari baaten...

Milke tumhe ajj aisa lagajaise pyase ko sawan mil gaya...dekh ke

chehra tumhara dil machalgaya

kitna tarasti hai meri ankhe tumhe dekhne ke lia..... par jab bhi

tumhe ek baar dekhliya toh ankho ko sukun milgaya....

****

Tujhsehe toh apni mohabbat izhar karun

Tere siva kisse apni mohabbat ki faryaad karun....

Koi nahi mera tere siva jisse kahen hum apna gham....

tu he bata de karun toh my kya karun...

****

Ek yaad hai teri jo har lamha mere zehen me rehti hai....

Ek khwahish hai meri ke humesha tu mere nazron ke aage rahe....

Jab bhi kuch hoton se kehta hoon toh pehle tere naam chala ata

hai...

Kaise hai yeh tadap meri jab tumhe naa dekho toh dil bechain

hojata hai.....

****

Ek din ayega jiska ana tay hai......Dunya se dukh khatam hoga

sukun ki chaddarun me insaan soya hoga....dunya tut kar rakh

hochuki hogi aur khuda kuch se naraz hoga aur kuch se khush

hoga....Jab humare bare me khuda baat karega dunya aur akhirat

ka har shaqs moujood hoga.....Sare farishte hummari fariyaad me

honge aur humme khuda ke faisla ka intezar hoga.....Khuda khud

be soch ta hoga ke my itna berahm nahi hoon inki mohabbat me

duri bhardun.....O zarur hooron ko tumhara ghulam banayega aur usne kahega ke tumhe sare naayab cheezon se saajade.....Farishte doli sajarahe honge aur humme sehra pehna rahe honge....Kya nazara hoga jab jannat me hummara nikah hoga......Sare rasoolon ke aage hum dono humnava honge.....Jaanat me mehfilen sajayi hongi.....har taraf humare pyar ke naare honge bas hummare pyar ke naare honge.........

****

kahi khoya sa rehta hoon sirf teri yaadon me...
Tujhme he mera sukun hai tu he hai mera pyar....
bas yahi kehna hai tujhse ke seene me apne rakhlo muje....
Kyon ho dur mujhse bas ajao mere paas......

****

Humne koi kasar nahi chodi tumhe chahne ki....
sari haaden par kar gaye....sab ke dilon se utar gaye taaki tumhare dil me bas jayen...
logon ne muje tumhare pyar me pagal ka naam karar kardiya hai....afssos toh is baat hai tumhe mera pagalpan nazar toh aarahai hai par pyar nahi.....
Jis din tum mere saat nahi hote ho us dil pata nahi kyon.. waqt tham sa jata hai...
har ghadi har pehar tera naam sunai deta hai....
Jab tak deedar na ho us khubsurat chehre ka....
mat pucho mera din kahi saal jaisa nazar ata hai.....

Har waqt bas tera pyar chahiye....har lamha tera ehsaas chahiye...
Mera jeena mumkin nahi tere bina... har pal bas tera saat
chahiye....
kuch be kyon na ho dunya me muje koi fark nahi padta muje
kuch chahiye toh bas tu chahiye.....

****

hum jo dundhte rehte hai sukun yahan wahan.....
wo milta hai muje bas tumhari hasi me....
Hummesha muskarate rahne warna muje sukun kabhi nahi
milega....

****

Agar yeh baat sach hoti ke hatton ki lakeerom me kismat likhi
jaati hai......toh my apne haaton ki har lakeer me tera naam
likhdeta.....

****

Kaisi hai mohabbat tumse my kya bataon tumhe....

jaan hoon meri kaise samjhaon tumhe...

o haseen chehra he hai jo humme dunya me jeene ke lia majboor

karta hai...

tumne toh muje apnaya he nahi phir be kehta hoon ke maine

apnalia hai tumhe....

Khud ko kabhi akele mat samajna my tere saya me moujood

hoon....

kabhi khud ko tanha mat samajna teri tanhayi me my maoujood

hoon....

bhale kitni he kyon na hoo durie pyar toh utna he gehra rahega

yeh wada hai mera....

Har lamha bas tumse pyar kiya hai akhri dum tak pyar karunga...

tere har gham me mera sahara zarur banunga...

koi kisi se itna pyar nahi kia hoga jitna maine tumse kia hai....

wada hai meri jaan jitna tujhse pyar karta hoon usse kahi gunna

zyada pyar tujhse my karta rahunga.....tere har kadam ke saat mera

rasta hoga... tere har saans ke saat meri jaan hogi...

bas apne chehre se hasi mat khona tum ho mere bas mere bane

rehna....

jab bhi my yaad aaon ankhen band karke muje yaad karlo....wada

hai meri jaan.....

chand lamhe me my tere aage moujood rahunga....

****

Kitna acha hota agar tere saya me meri zindagi hoti.....
bhale dunya tabah kyon na ho... meri mohabbat ke saya me meri
mout hoti....

****

Beshak tum phool jaise ho bas muje kaaton ki tarah rehne do......

Taake jab bhi tumhe koi taklif ponhchaye my unme khoon
barsadunga

****

Durie hu tujhse aur tujh ko apne paas mehsoos kar sakta hoon
Nazren ko ghumata hoon har taraf tere chehra dekh sakta hoon...
bhout he zyada yaad aarahi teri aur muje aadat hai dekhna hasi
teri....
bas ankhen band kar raha hoon taake tera muskurata chehra dekh
sakun.

****

Dur hokar be tujhse dur nahi hoon my
kyon ki har pal tujhko mehsoos karna addat hai meri.....

****

Jab bhi tumhara haat mere haat me hota hai...
kasam se khuda mujhpar meharbaan hota hai....
beshak bhout he apne ho tum mere lia...

Isiliye mera dil har baar tume qurbaan hota hai....

****

Tumhari hasi pe meri jaan my sab kuch lutadun...

Jab bhi tumhari taraf gham aye my unka rasta ghumadun...

bas hummesha muskurate rehna yehi hai meri aarzo...

Jis din tumhe haste na dekho my apne hisse ki sari khusiyaan

lutadun........

****

Baby i miss you so much.....my days wont paas when you are not

with me...

I feel like no one when you are not around me....

You are like a bright moon with lots of sparkles like stars...

I feel so happy when i see you, when you are with me I love you

more than anything in this universe....

I miss you like no is mine but you...

I just wish to see your beautiful face alll over the time and i Just

want to be with you and hold your hand and say....baby I love so

much.....

****

Khuda kyon laye ho durie hummare rishte me...

dard bhout gehra dediya hai apne yeh rishte me...

bohot taklif ho rahi hai muje aise jeene me

Ap toh jaan te hai o mere liye kya hai...unka chehra mere dil ka

sukun hai

unki hasi meri khushi hai....unka gham mera dard hai....

Meeta do yeh duri aur behad pyar bhardo is rishte me..

****

Muje manzoor nahi hai yeh judai jana...

Lout ajao mere paas yahi hai batlana...

Muje mallum hai tume yeh faisla karliya hai....

abi bas tumse hai yahi kehna bin tere mera jeene se acha hai

mujhko marjaana....

****

It hurts when my days are passing through without you....

how to cry in the crowd....we are apart

I see you and it makes me feel alive....i touch you...i feel special...

don't go away from me just be with me and i don't want us to go

far....

I love you honey come and be with me just be with me all i want

is you and me...

****

Teri yaad me bhout tadap rahe hai hum...

Awaz sunne ke liye taras rahe hai hum....

aise ttoh muh na modo mujhse bhout he zyada dard hai is durie

me

agar aise dur hogaye toh batao muje kaise jeeyenge hum......

Teri yaad me bhout tadap rahe hai hum...

Awaz sunne ke liye taras rahe hai hum....

aise ttoh muh na modo mujhse bhout he zyada dard hai is durie

me

agar aise dur hogaye toh batao muje... kaise jeeyenge hum......

****

Jab bhi kabhi mujhko teri yaad aati hai....

Tera chehra nighaon me anso banjate hai...

aisi tanhayi me teri yaad mujhko pal pal rulati hai....

Itna toh bata do na kya tumhe bhi meri kabhi yaad aati hai...

mera chehra kabhi tukno bhi rulata hai....

har pal teri yaadon me khoya sa rehta hoon...

har lamha teri baaton ko socha my karta hoon...

dur hai tu mujhse phir bhir be mehsoos sa karta hoon....

teri yaadon me rehta hoon bas teri yaadon me rehta hoon....

****

Yeh kehna hai tujhse.....bhale dur he kyon na ho

par jab bhi tujhko meri yaad aye toh...

har lamha judai ka tujhko tadpaye toh...

phir bhulke sab baaten mere paas aajana

aur tod ke sab naate mere paas aajana

phir lout ke mat jana.....meri jaan ban kar mere dil me dhadak

jana...

meri muskaan bankar mere chehre me bas jana....

muje chod ke mat jaana muje chod ke mat jana.....

****

Assman bhi rone lage ga jab o muje tumse dur dekhega...

Zameen bhi banjaar si hojayegi jab o muje tumhari yaad me udaas

dekhegi...

koi had nahi sari haaden par meri mohabbat hai tere liye....

Jab bhi my khush na dikhon teri nazroon ko dur rehkar be mujhse

khud ko mere kareeb kardoge....

****

Jab tumne mera haat thama khud ko mehsoos karne laga

bhout zyada dard hota hai jab hum juda hote hai....

din guzarte nahi aur raaten khatm hoti nahi....

har pal teri yaad aati hai har lamha tere liya pyar badta hai...

khud ko tere bina dekhna meri ankhon ko gawara nahi....

bas itna he hai kehna hummesha mere bane rehna bas mere bane
rehna,,,,,,

****

Ajj kuch baat thi jo hum hasne lage....

dekh ke meri jaan ko mehek ne lage...

kya khubsurat chehra hai unka aur kitni meethi meethi baaten...

jab bhi maan kare mera muskurane ka...hum toh bas unhi ko
dekhne lage....

kuch toh baat hai tum me jab bhi dekhon ek sukun sa milta hai...

idhar udhar ghumta rehta hoon bas teri manzil ki talaash rehti
hai....

shiddaton wali mohabbat hai tumse meri jaan

isliye har waqt mera dil tumhara naam chilakar dhadakta hai......

****

Ek baat hai kehni tumse....

lelo mera dil mujhse...

Dil mera ek dum sa budhu sa hai...

mera hokar usse meri fikar nahi....

jab bhi dekho tumhari he bare me mujhse zikr karta rehta hai....

****

My tere saat teri parchayi hoon....

kabhi naa chodne wala saat hoon....

kabhi khud ko akele mat samaj na

har waqt har lamha my bas tumhare paas hoon......

tumko khuda ne mera kardiya hai...

janemaan tujhse mera nata sa jud gaya hai...

hamare rishta itna khubsurat hai kya bataon tumhe....

kitne kaate hai raaston me phir bhi yeh rishta itna sacha sa hai....

kabhi bhi kuch be kyon na ho yeh rishta totega nahi mera saat

chutega nahi yeh mera wada hai....yeh mera wada hai....

****

Tum jo meri zindagi me aye zindagi rangeen hogayi...

sapnon me jaise jeete hai waisi kahani hogayi...

khuda kuch toh mere ache kaam se raazi hogaye....

shayed isi liye meri zindagi ki dor tumse band gayi...

Jab bhi gale se lagate ho dil ka sara dard khatm hojata hai....

aisa lagta hai tuta hua dil ka har tukda jud gaya...

****

jab mere saat hote ho muje aisa lagta hai jaise ek panchi ke paar

apne saat hai jo kabhi bhi ud sakta hai...ek lamha bhi mujhse dur

hote ho toh meri haalat us paanchi ke jaisi hojatai hai...jisse khuda

ne asmaan par udne ke lia banaya par uske paar nahi hai...

khud ko tumhare paas mehfoos pata hoon....khud ko tumhare saat

khush dekhta hoon...
bin tere my jeenahi sakta...bin tere my khush nahi ho sakta....
bhout he naakaam hoon my....bas ek tutta sa raaz hoon my...
bhout kuch kehna hai tuje mere seene se laga kar....
kyon ki jab bhi my tujhse dur hota hoon my tut jaata hoon....
jab bhi tumhe gale lagata hoon my phir se jud jaata hoon.....

****

Teri yaaden har pal mere zehan me rehti hai...
teri baaten mere kaanon me har pal gunjti rehti hai...
har bar bas tere he khayalom me rahta hoon...
tere baare me he sochte rehne ki aadat jo hogayi hai...

****

Ek baat kehni thi apse....khuda ne toh banaye honge dunya me
hasin log...
Par tumhari baat he kuch alag hai....jab bhi apko dekhun ankhen
hone ka shukriya khuda se karne lagta hoon..

****

Itni mohabbat tujhse karun my jitni koi had na ho
jaan lutadun teri khushiyon ke lia koi shak na ho...
tu jahan be rahe bas meri mohabbat sirf tujhse rahe....

koi mera naseeb ho bas tum he ho......

****

Tere labon ki boli banjaon...

tere chehre ki hasi banjaon....

tere gham me khushiyann banjaon....

jab bhi kabhi tuje taklif me dekho....

tere har dard ki daua banjaon....

Har khusi mere liye tujh se he shuru hoti hai...

har ghadi meri ruh tere ass paas hoti hai...

meri khush kismat bangaye ho tum...

Bina tera deedar kare meri koi subha nahi hoti hai...

Mera ankhon me bas tera noor hai...

meri mohabbat me bas tera fitoor hai...

Itna pyar hai tujhse....

tera na hone pe be mujh ko mera bas tera hone ka junoon hai...

****

Itni mohabbat tujhse karun my jitni koi had na ho

jaan lutadun teri khushiyon ke lia koi shak na ho...

tu jahan be rahe bas meri mohabbat sirf tujhse rahe....

koi mera naseeb ho bas tum he ho tumhare bina koi na ho.....

****

Har dafa tujh ko haste dekhna chahoon...
sari khushiyaan tere daaman me bharna chahoon...
tu khush rahe isse badi baat kya ho sakti hai....
tu khush na dikhe toh muje bhout taklif hoti hai.....
mere hisse ki saari khushiyan tuje dekar tere sare gham lena

chahoon....

****

Jitna hum kareeb ate the unke...... kismat utna he door karti
rahi....har zarya unse milne ka naakam hota raha....galti toh na
unki thi naa he humaari....kismat he thi jo humesha juda karti

rahi.....

****

Logon ne koi kasar nahi chodi muje tumse juda karne ki.......

gham toh is baat ka hai ke tum be toh yahi chahte the....
Meri mohabbat itni kamzoor nahi ke logon ki koshishon se tut
jaye,.....tumhe hum kaise samjaye my khuda se lad raha hoon
tumhe pane ke lia toh yeh log mere lia kya hai......

****

Dil ka haal mat puchna o sirf tumhare intezar me hai.....

har lamha bas tumhe dhundta rehta hai....
pata nahi kab hogi uski yeh arzoo puri.....

har waqt tumhe pane ki dua karta rehta hai....

****